全国技工院校新能源汽车检测与维修专业教材
（中／高级技能层级）

新能源汽车驱动电机系统检测与维修

人力资源社会保障部教材办公室 组织编写

主 编 任保宽
副主编 于彦华

中国劳动社会保障出版社

worldskills China

简介

本书主要内容包括驱动电机系统的认知、驱动电机的检测与维修、驱动电机控制器的检测与维修、冷却系统的检测与维修。

本书内容丰富、通俗易懂、实用性强，适用于全国技工院校或职业院校新能源汽车检测与维修专业的教学使用，也可作为新能源汽车技术人员培训教材及参考用书。

本书由任保宽任主编，于彦华任副主编，逯焕正、张广昕、李昌丽、修萌萌、潘婷婷参与编写。

图书在版编目(CIP)数据

新能源汽车驱动电机系统检测与维修 / 人力资源社会保障部教材办公室组织编写. -- 北京：中国劳动社会保障出版社，2022

全国技工院校新能源汽车检测与维修专业教材：中 / 高级技能层级

ISBN 978-7-5167-5250-0

Ⅰ. ①新… Ⅱ. ①人… Ⅲ. ①新能源 – 汽车 – 驱动机构 – 车辆检修 – 技工学校 – 教材 Ⅳ. ①U469.707

中国版本图书馆 CIP 数据核字（2022）第 064061 号

中国劳动社会保障出版社出版发行

（北京市惠新东街 1 号　邮政编码：100029）

*

北京市白帆印务有限公司印刷装订　　新华书店经销

787 毫米 ×1092 毫米　16 开本　10.25 印张　182 千字

2022 年 6 月第 1 版　　2022 年 12 月第 3 次印刷

定价：31.00 元

营销中心电话：400-606-6496

出版社网址：http://www.class.com.cn

http://jg.class.com.cn

前言
PREFACE

2012年6月，国务院颁布《节能与新能源汽车产业发展规划（2012—2020年）》，其中对新能源汽车进行了定义：新能源汽车是指采用新型动力系统，完全或主要依靠新型能源驱动的汽车，本规划所指新能源汽车主要包括纯电动汽车、插电式混合动力汽车及燃料电池汽车。

随着国家不断推动新能源汽车的发展，目前我国新能源汽车保有量已经突破百万，成为新能源汽车产销量第一的国家。

相对于传统汽车而言，新能源汽车大量使用高压电，这对维护和维修工作提出了更高的要求。为了满足全国技工院校新能源汽车检测与维修专业的教学需求，人力资源社会保障部教材办公室组织有关学校的骨干教师和行业、企业专家，在充分调研企业生产和学校教学情况的基础上，开发了本套新能源汽车检测与维修专业教材。

教材体系

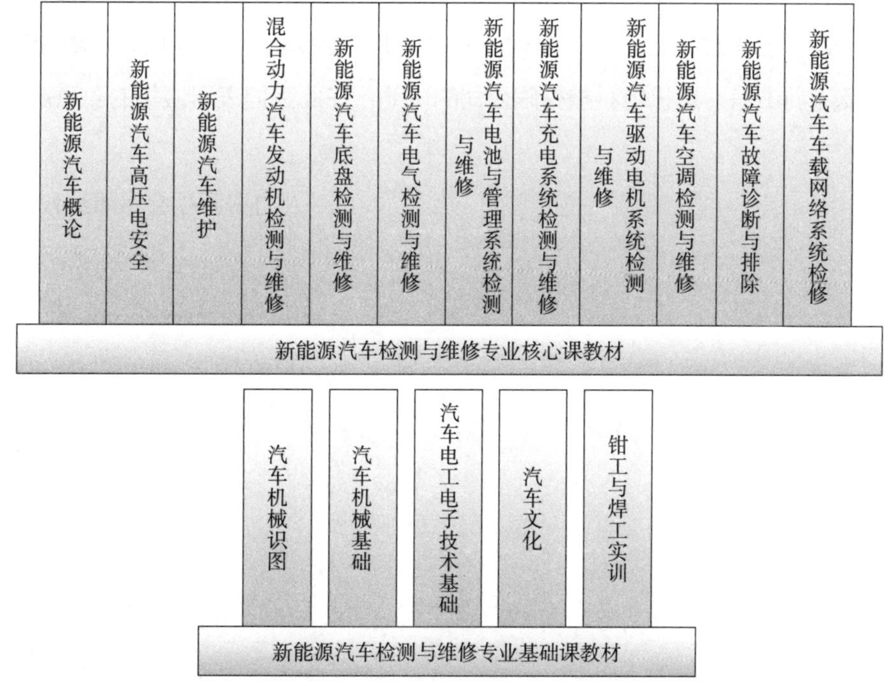

编写特色

◆ 紧贴企业实际情况　通过行业、企业调研，掌握企业对新能源汽车检测与维修专业人才的岗位需求和技能要求，确定人才培养目标（中级 / 高级），构建科学合理的课程体系。根据课程教学目标，合理确定学生应具备的知识与能力结构；充分考虑企业生产实际，选择当前市面上广泛使用的新能源车型进行教学。

◆ 体现行业技术发展　根据相关专业领域的最新发展，在教材中充实新知识、新技术、新设备、新材料等方面的内容，体现教材的先进性。采用最新的国家技术标准，使教材内容更加科学和规范。

◆ 符合学生阅读习惯　在教材内容的呈现形式上，较多地利用实物照片和表格等形式将知识点生动地展示出来，力求让学生更直观地理解和掌握所学内容。部分教材采用四色印刷，图文并茂，增强了教材内容的表现效果。

教学服务

本套教材配有习题册和方便教师上课使用的多媒体电子课件等教学资源，可以通过技工教育网（http：//jg.class.com.cn）下载。另外，在部分教材中针对教材中的教学重点和难点制作了微视频等多媒体资源，学生使用移动终端扫描二维码即可在线观看相应内容。

致谢

本次教材编写工作得到了北京、黑龙江、辽宁、江苏、浙江、湖南、山东、山西、福建、广东、广西等省、自治区、直辖市人力资源社会保障厅（局）及有关院校的大力支持，以及深圳市信力达机电科技有限公司的协助，在此我们表示诚挚的谢意。

人力资源社会保障部教材办公室

2020 年 6 月

目录
CONTENTS

绪 论

学习目标

1. 了解新能源汽车驱动电机系统的功用。
2. 了解新能源汽车驱动电机系统的基本组成。
3. 了解驱动电机系统的发展状况。

相关理论

一、新能源汽车“三电”系统

新能源汽车，尤其是电动汽车的核心部分是“三电”系统——驱动电机系统、动力蓄电池系统和整车电控系统，如图 0-1 所示，“三电”系统基本组成如图 0-2 所示。

1. 驱动电机系统

驱动电机系统作为电动汽车三大系统之一，是车辆行驶的主要执行机构，其特性决定了车辆的主要性能指标，直接影响车辆的动力性、经济性和舒适性。

国家标准《电动汽车用驱动电机系统　第 1 部分：技术条件》(GB/T 18488.1—2015）中规定：驱动电机系统（drive motor system）是指驱动电机、驱动电机控制器及它们工作必需的辅助装置的组合。

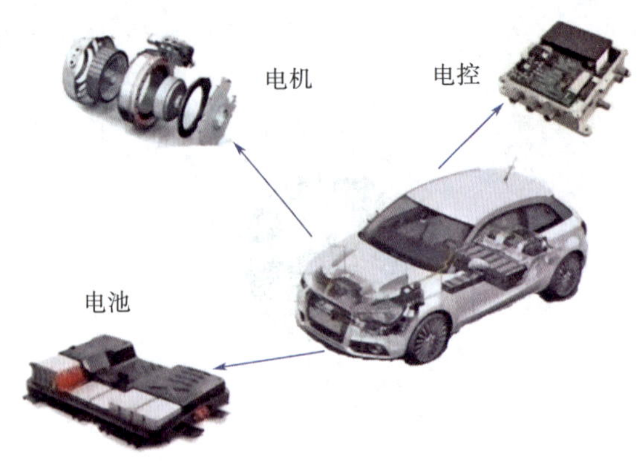

图 0-1　电动汽车的“三电”系统

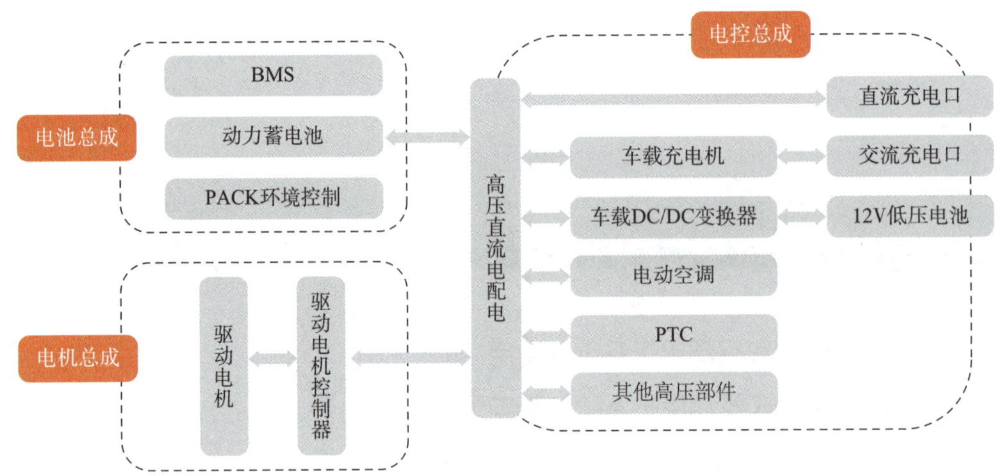

图 0-2　电动汽车“三电”系统基本组成

电动汽车主流的电机类型主要有永磁同步电机和交流异步电机等。目前，电动汽车常用的电机额定功率基本可以满足整车的驱动需求，很多电动汽车都具备制动能量回收功能。

本书主要是对驱动电机系统相关内容进行详细讲解。

2. 动力蓄电池系统

动力蓄电池作为电动汽车的能量源，是电动汽车的核心部件之一。动力蓄电池的性能直接影响电动汽车的行驶里程。

作为“三电”系统中最贵的核心器件，动力蓄电池常用的类型是三元锂电池和磷酸铁锂电池。动力蓄电池内部除了有不同模组的电芯，还有温度采集传感器、单体电芯电压采集传感器、电流传感器、主正总线接触器、主负总线接触器、维修开关、母排、连接器、电池管理系统（battery management system，简称 BMS）等。其中，BMS 作为动力蓄电池的大脑，主要检测动力蓄电池内单体电芯的电压、温度、电流等相关参数，与整车控制系统进行数据交换，同时还能对动力蓄电池的充放电进行管理。

3. 整车电控系统

整车电控系统的作用是对整车的所有动作进行检测和指挥，类似于人类的大脑。整车电控系统由整车控制器（VCU）及各子系统组成，整车控制器能够完成检测整车子系统控制单元的自检状态、能量分配、采集制动踏板和加速踏板信号、控制继电器开关、整车故障检测、整车上下电控制、故障处理等工作。整车控制器的处理速度一般比较快，能够快速、准确地接收和发送各种指令，控制车辆各种运行状态。

二、新能源汽车驱动电机系统

1. 驱动电机系统的组成

驱动电机系统主要由驱动电机、驱动电机控制器及冷却装置等组成，如图 0-3 所示。

图 0-3　驱动电机系统的组成

（1）驱动电机

驱动电机（drive motor）是将电能转换成机械能，为车辆行驶提供驱动力的电气装置，该装置也可具备将机械能转换成电能的功能。

（2）驱动电机控制器

驱动电机控制器（drive motor controller）是控制动力蓄电池与驱动电机之间能量传递的装置，由控制信号接口电路、驱动电机控制电路和驱动电路组成。

（3）冷却装置

冷却装置（cooling equipment）是用于冷却驱动电机及驱动电机控制器的装置。

2. 驱动电机系统的发展现状

（1）国外发展状况

驱动电机中，有刷直流电机、同步电机、感应电机与有刷磁铁电机商品化历史最长，产品更新换代不断，迄今还在应用。

近年来美国、欧洲开发的电动客车多采用交流感应电机。其主要优点是价格较低，性能可靠；缺点是启动转矩小。为了降低车重，电机壳体大多采用铸铝材料，电机恒功率范围较宽，最高转速可达基速的 2～2.5 倍。

日本近年来在批量生产的电动汽车车型上以采用永磁同步电机为主流。该种电机恒功率范围很宽，最高转速可达基速的 5 倍。

（2）国内发展状况

新能源汽车的快速发展给驱动电机带来了巨大的发展机遇，电机技术的发展成为行业关注的热点。

我国电动汽车驱动电机系统的发展主要有以下几个方面的特点：

1）在交流异步驱动电机系统方面，形成了小批量生产开发、制造、试验及服务体系，产品性能基本能满足整车需求，大功率交流异步电机已广泛应用于各类电动客车。

2）在开关磁阻驱动电机系统方面，已形成优化设计和自主研发能力，通过合理设计电机结构、改进控制技术，产品性能基本满足整车需求。

3）在无刷直流驱动电机系统方面，部分企业合理设计及改进控制技术，有效提高了无刷直流驱动电机产品性能，基本满足电动汽车需求。

4）在永磁同步驱动电机系统方面，已开发了可应用于各类电动汽车的不同系列产品，基本具备永磁同步电机集成化设计能力，但总体水平与国外仍有一定差距。

5）在永磁电机材料和技术上，部分公司掌握了电机转子磁体先装配后充磁的整体充磁技术，但技术水平仍与德国和日本有较大差距。国内钕铁硼磁材料产量很高，占全球供应量的 85%，但高性能产品占比则较低。

6）在驱动电机控制器关键部件方面，部分公司已具备旋转变压器研发和生产能力，但产品精度、可靠性与国外仍有差距。

3. 驱动电机系统的发展趋势

（1）驱动电机系统永磁化

永磁电机具有效率高、比功率较大、功率因数高、可靠性高和便于维护的优点，且采用矢量控制的变频调速系统可使永磁电机具有宽广的调速范围。因此，电机的永磁化成为电机驱动技术的重要发展方向之一。

（2）驱动电机系统数字化

驱动电机系统数字化包括驱动控制的数字化、驱动到数控系统接口的数字化和测量单元的数字化。未来电机驱动技术发展的必然趋势之一就是数字化，随着计算机技术的发展，高速、高集成度、低成本的微机专用芯片等问世并商品化，全数字控制系统将成为可能。

（3）驱动电机系统集成化

将原来独立的驱动电机、减速器和一些电控系统进行集成，可以使整个电驱总成线缆的长度大大缩短、体积更小、质量更小、效率更高、成本更低、便于车辆布局，同时

还可解决不同工艺电路间组合和高电压隔离等问题，但由于仍存在一些较高难度技术问题，未来驱动电机系统集成化还需要解决很多难题，且需进一步降低成本，提高系统可靠性。图 0-4 所示为比亚迪电动汽车电驱动系统三合一（驱动电机控制器、驱动电机及减速器）示意图，图 0-5 所示为特斯拉 Model S 电驱动总成三合一示意图。

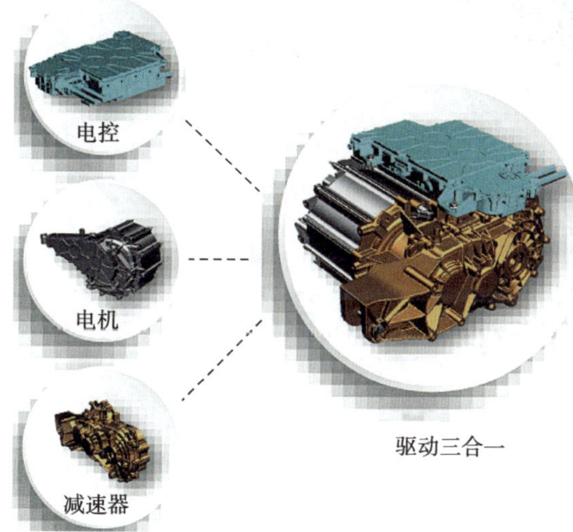

图 0-4　比亚迪电动汽车电驱动系统三合一

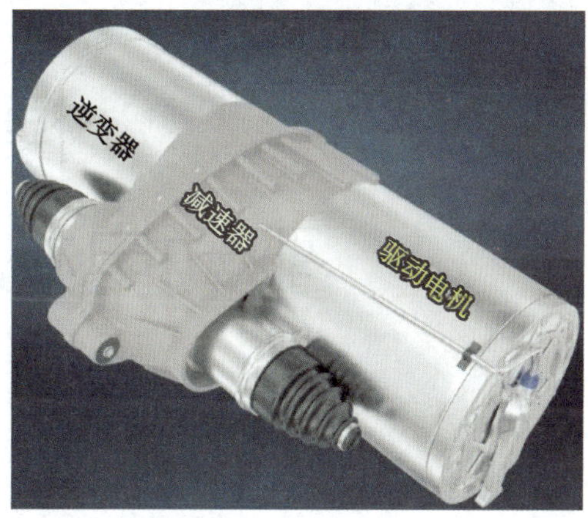

图 0-5　特斯拉 Model S 电驱动总成三合一

三、本课程的任务和内容

本课程内容主要从汽车驱动电机系统基础知识、驱动电机的检测与维修、驱动电机控制器的检测与维修、冷却系统的检测与维修四个方面进行展开。通过本课程的学习，你将能够熟练掌握驱动电机系统相关基础知识，能够规范检修驱动电机、驱动电机控制器、冷却系统等常见的故障。

思考与练习

1. 电动汽车“三电”系统包括什么？各部分的作用是什么？
2. 新能源汽车驱动电机系统包括什么？各部分的作用是什么？

模块一 驱动电机系统的认知

课题一 驱动电机的认知

学习目标

1. 了解驱动电机的分类和特点。
2. 了解电动汽车对驱动电机的性能要求。
3. 能够列举和识别常见型号的驱动电机。

任务描述

一辆北汽 EX360 型纯电动汽车驶入某北汽 4S 店进行例行保养，在保养期间，该客户咨询关于该车驱动电机方面的知识，包括如何识别电动汽车上各类型的驱动电机等，该车搭载的驱动电机型号为 TZ220XS420，如图 1-1-1 所示，需维修技师和售后服务人员为其解答疑问，并对照铭牌对该型号进行解读。

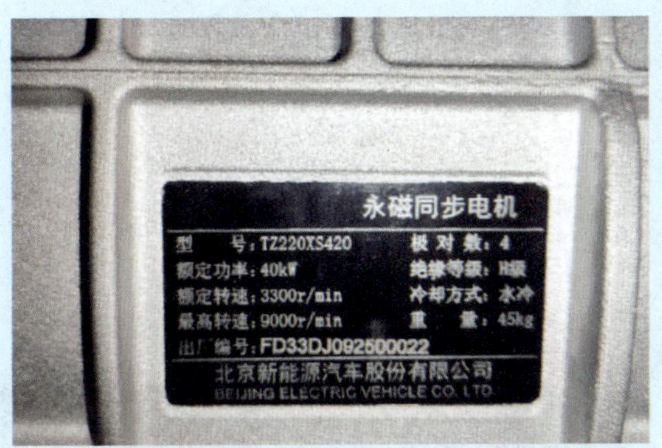

图 1-1-1　北汽 EX360 型纯电动汽车驱动电机铭牌

任务分析

驱动电机有很多种类型，不同电动汽车生产厂家搭载的驱动电机类型不尽相同，如蔚来 ES8、特斯拉 Model S 等车型采用交流感应电机，北汽 EX360 型纯电动汽车采用永磁同步电机，比亚迪纯电动客车 K9 采用轮毂电机。不同类型的电机有各自的特点和性能参数，各厂家根据汽车的性能来匹配安装驱动电机，使其达到最佳的性价比。电动汽车用驱动电机相应的国家标准对其性能及型号作了相关规定。

相关理论

一、驱动电机分类

驱动电机可以按照不同分类方式进行分类，其主要分类如下。

1. 按工作电源分类

根据工作电源不同，驱动电机可分为直流电机和交流电机。

其中，直流电机又分为绕组励磁式（串励式、并励式、复励式）直流电机和永磁式直流电机，交流电机又分为单相电机和三相电机。

2. 按结构及工作原理分类

按结构及工作原理，驱动电机可分为直流电机、交流异步电机、同步电机、开关磁阻电机、轮毂电机。

（1）直流电机

直流电机分为无刷直流电机和有刷直流电机。图 1-1-2 所示为直流有刷换向电机剖面图。

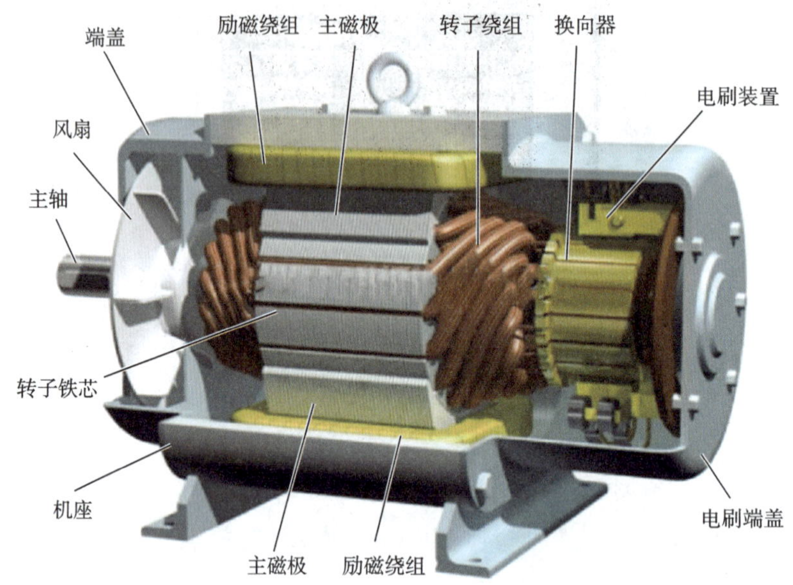

图 1-1-2　直流有刷换向电机剖面图

（2）交流异步电机

交流异步电机分为交流感应电机和交流换向器电机。

（3）同步电机

同步电机分为永磁同步电机、磁阻同步电机和磁滞同步电机。图 1-1-3 所示为永磁同步电机结构图。

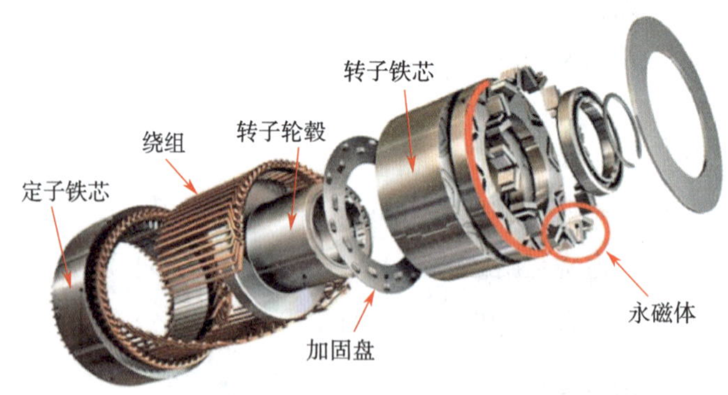

图 1-1-3　永磁同步电机结构图

（4）开关磁阻电机

开关磁阻电机（switched reluctance electrical machine，简称 SRM）是一种新型驱动电机，其基本结构如图 1-1-4 所示。其转子为凸极转子，如图 1-1-5 所示。

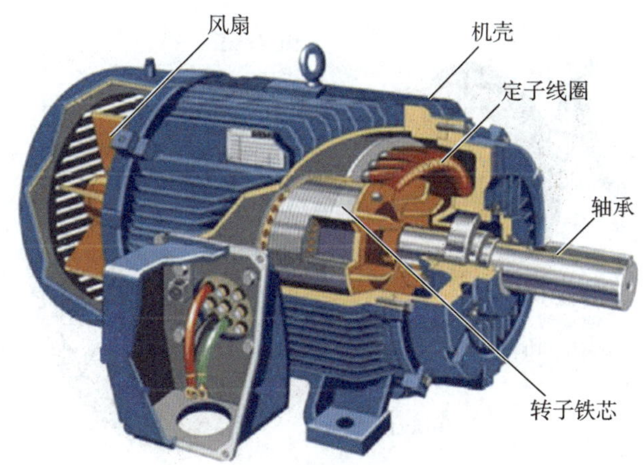

图 1-1-4　开关磁阻电机基本结构

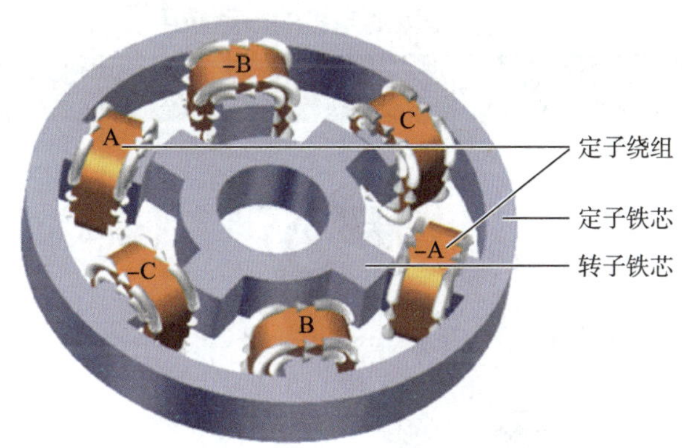

图 1-1-5　开关磁阻电机凸极转子

（5）轮毂电机

轮毂电机又称车轮内装电机，是将动力、传动和制动装置整合到轮毂内的一种电机。图 1-1-6 所示为轮毂电机结构示意图。根据其转子形式，主要分内转子式和外转子式。内转子式采用高速内转子电机，配备固定传动比的减速器。外转子式采用低速外传子电机，无减速装置，车轮转速与电机相同。

3. 按转子结构分类

驱动电机按转子结构分为笼型感应电机和绕线转子感应电机。

4. 按转速分类

驱动电机按转速分为高速电机、低速电机、恒速电机、调速电机。

低速电机又分为齿轮减速电机、电磁减速电机、力矩电机和爪极同步电机等。

二、各类驱动电机的应用

常见的各类驱动电机在典型车型上的应用见表 1-1-1。

图 1-1-6　轮毂电机结构示意图

表 1-1-1　不同类型驱动电机的车型应用

序号	驱动电机类型	驱动电机图片	应用车型
1	直流电机		比亚迪 E6（2017 款）等
2	交流感应电机		特斯拉（Model X、Model S）、荣威 550 Plug-in、蔚来 ES8 等
3	永磁同步电机		北汽 EX360、EU260，荣威 E50，宝马 i3 等

续表

序号	驱动电机类型	驱动电机图片	应用车型
4	开关磁阻电机		部分电动客车等
5	轮毂电机		奇瑞电动汽车瑞麒 X1-EV，比亚迪纯电动客车 K9 等

三、驱动电机特点

1. 直流电机的特点

直流电机分为有刷直流电机和无刷直流电机，有刷直流电机因维护不方便等缺点逐渐被无刷直流电机所取代，无刷直流电机的优缺点如下：

（1）优点

1）结构简单、质量轻、体积小，具有有刷直流电机的优点，同时又取消了碳刷、滑环结构。

2）可以低速大功率运行，可以省去减速器直接驱动大的负载。

3）转矩特性优异，中、低速转矩性能好，启动转矩大，启动电流小、续航里程长。

4）无级调速，调速范围广，过载能力强。

5）效率高，电机本身没有励磁损耗和碳刷损耗，消除了多级减速损耗。

6）耐颠簸，噪声低，振动小，运转平滑，寿命长。

（2）缺点

1）运转时存在的转矩脉动较大、铁芯附加损耗大等问题，限制了它在高精度、高性能要求的驱动场合的应用，尤其是在低速直接驱动场合的应用，因此仅适用于一般的精度及性能要求的场合。

2）转速范围不够宽，最高转速仅 6 000 r/min 左右，难以满足电动汽车工况需求。

2. 交流感应电机的特点

交流感应电机（AC induction electrical machine）依靠交流电源运行，定子及转子为独立绕组，双方通过电磁感应来传递力矩，其转子以低于 / 高于气隙旋转磁场转速旋转。其主要优缺点如下：

（1）优点

1）具备变频调速的能力。交流感应电机可通过自身正反转切换解决倒车问题。

2）更易实现能量回收。在车辆滑行或制动工况下，车轮反拖驱动电机转动，电动机发电并将电能回收储存至动力蓄电池中，从而给动力蓄电池充电，增加车辆的续航里程。

3）转速范围广。交流感应电机的峰值转速可高达 20 000 r/min 左右，能够在不匹配二级减速器情况下满足车辆高速巡航的转速需求。

4）抗高温性能强。

5）运行可靠性较好。

6）成本较低、维修方便等。

（2）缺点

1）耗电量较大，转子容易发热，高速运转时需要保证对交流感应电机的冷却，否则会损坏电机。

2）交流感应电机由于是单边励磁，产生单位转矩需要很大的电流，而且定子中有无功励磁电流，因此能耗较大，功率因数滞后。

3）调速控制复杂，且调速性也较差。

4）结构复杂，技术要求高，驱动电机控制器制造成本高。

3. 永磁同步电机的特点

永磁同步电机是在转子中加入永磁体来强化转子性能，并与定子在转速同步旋转的形态下形成电流。其主要优缺点如下：

（1）优点

1）转换效率和稳定性比交流感应电机高，能够为电池组提供更高的续航能力，这也是很多厂商选用永磁同步电机的原因之一。

2）相对直流电机，永磁同步电机噪声及控制精度环节更优。

3）质量小、体积小、布置更为灵活，对整车质量减少也有所贡献。

（2）缺点

1）成本高。永磁同步电机使用的稀土永磁材料成本较高。

2）不可逆退磁。如果设计或使用不当，永磁同步电机（钕铁硼永磁材料）在过高温度时，或在剧烈机械震动时有可能产生不可逆退磁（又称失磁），使电机性能下降。

4. 开关磁阻电机的特点

开关磁阻电机采用定转子凸极且极数相接近的大步距磁阻式步进电机的结构，利用转子位置传感器通过电子功率开关控制各相绕组导通使之运行。电机转子无绕组，无明显热量产生。其主要优缺点如下：

（1）优点

1）凸极转子转动惯量低，可控参数多，易调速，调速系统运行性能好。

2）启动电流小，启动转矩大，当电流达到额定电流的15%时电动机即可实现100%的启动转矩。

3）结构简单，质量小，成本较低，可靠性高，功率密度高。

4）体积小，整车设计更灵活，车内空间更大。

5）高效率低损耗。

6）开发潜力大。

（2）缺点

1）技术尚不成熟。该驱动电机调速系统是继变频调速系统、无刷直流电动机调速系统之后发展起来的最新一代无级调速系统，技术还在不断探索和开发中。

2）相对其他类型电机，该电机的控制复杂一些，位置检测器是开关磁阻电机的关键器件，其性能对开关磁阻电机的控制操作有重要影响。

3）由于开关磁阻电机为双凸极结构，实际运转过程中，转矩波动大，且电机本身噪声和振动严重。

4）成本高。

5. 轮毂电机的特点

轮毂电机发展较早，早在1900年，保时捷公司就制造出了前轮装备轮毂电机的电动汽车。该项技术沉寂多年后，近年来，在新能源汽车上重新应用起来。目前，国内自主品牌汽车厂商开始研发此项技术并应用到实车，如比亚迪纯电动客车K9采用轮边驱动电机总成，单个轮毂电机最大功率 90 kW，最大扭矩 500 N · m。其主要优缺点如下：

（1）优点

传动部件少，车辆结构简单、传动效率高，减少不必要的能量损耗，可实现多种复杂的驱动方式，便于采用多种新能源车技术等。

（2）缺点

增大簧下质量和轮毂的转动惯量，电制动性能有限，密封要求较高，设计需考虑散热。

6. 各驱动电机性能比较

直流电机、交流感应电机、永磁同步电机和开关磁阻电机的性能特点比较见表 1-1-2。

表 1-1-2　部分车用驱动电机类型的性能特点比较

项目内容	直流电机	交流感应电机	永磁同步电机	开关磁阻电机
转速范围 /r · min^{-1}	4 000 ~ 6 000	9 000 ~ 15 000	4 000 ~ 15 000	>15 000
电机质量	大	中	小	小
外观尺寸	大	中	小	小
功率密度	低	中	高	较高
转矩性能	一般	好	好	好
峰值效率 /%	85 ~ 89	94 ~ 95	90 ~ 97	90
负荷效率 /%	80 ~ 87	90 ~ 92	85 ~ 97	78 ~ 86
过载能力 /%	200	300 ~ 500	300	—
结构坚固性	差	好	一般	优良
可靠性能	一般	好	优秀	好
控制难度	低	高	一般	好
成本	高	低	高	低
控制器成本	低	高	高	一般
代表车型	比亚迪 E6（2017 款）	特斯拉 Model S，蔚来 ES8	北汽 EX360，比亚迪秦、唐	—

四、驱动电机性能要求

1. 电动汽车对驱动电机的要求

电动汽车驱动电机需具备频繁起动 / 停车、加速 / 减速、低速或爬坡时高转矩，高速行驶时低转矩，变速范围大等特点。因此，电动汽车驱动电机在负载、性能和工作环境等条件要求较高，主要体现在以下几个方面：

（1）低速大转矩。由于启动转矩大，为达到电动汽车短时加速或爬坡要求，驱动电机需具有良好的启动和加速性能。

（2）驱动电机需可控性高、稳态精度高、动态性能好。

（3）恒功率区要宽。为满足汽车高速行驶和高速超车的动力要求，电动汽车电机驱动系统要求恒功率区是恒扭矩区的 3～10 倍。恒功率曲线图如图 1-1-7 所示。

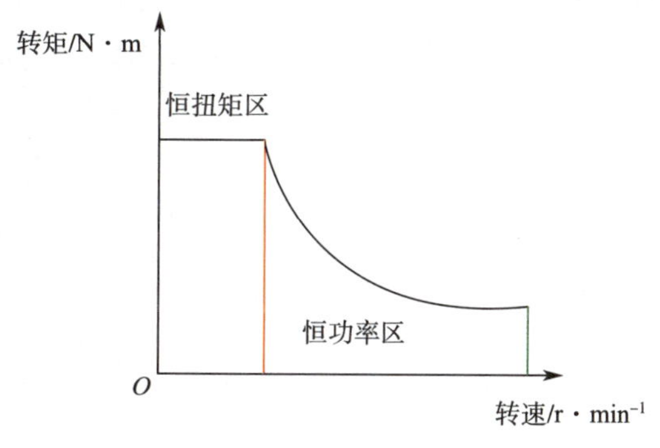

图 1-1-7 恒功率曲线图

（4）电动汽车驱动电机要求调速范围大、低速时应具备大转矩，高速时应具备高功率性能。

（5）驱动电机要具有高效率。

（6）驱动电机要具有高功率密度，为满足整车空间和高效节能，电机功率密度要大于 1 kW/kg。

（7）驱动电机的可靠性能要好。驱动电机工作环境恶劣，常处于高温、恶劣天气及频繁震动等环境下，要求电机可靠性能好。

（8）驱动电机应能够在汽车减速时实现再生制动，将能量回收并反馈回动力蓄电池，并使电动汽车具有最佳能量的利用率。

2. 混合动力电动汽车对驱动电机的要求

（1）采用大功率电机驱动，具有电阻小、效率高、比能耗低、动力性能好等优点。

（2）电机应具有较大范围内调速性能，能根据驾驶员对加速踏板和制动踏板的控制，由中央控制器控制电机与发动机之间动力的协调来获得所需要起动、加速、行驶、减速、制动等所需功率与转矩。

（3）混合动力汽车应具有最优能量利用，要求电机高效率、低损耗，并在车辆减速时实现能量回收并反馈给动力蓄电池。

（4）电机、控制装置、冷却系统的质量等应尽可能小，因此，大功率的高速电机具有高性能、质量小、运转时噪声低等优点，被广泛应用于混合动力汽车上。

（5）各种电机电压可达 120～500 V，电气系统和控制系统的安全性都必须符合车辆安全性能的相关国家标准和规定。

除此之外，还要求电机耐温和耐潮性能强，能够在较恶劣的环境下长期工作，结构简单，适合批量生产，运行噪声低，维修方便，价格低等。

五、驱动电机铭牌型号

《电动汽车用驱动电机系统　第 1 部分：技术条件》（GB/T 18488.1—2015）对驱动电机铭牌和型号命名作了以下规定：

1. 电机铭牌信息

电机铭牌宜包括如下信息：

（1）制造厂名；

（2）型号、编号、名称；

（3）主要参数：额定电压、持续转矩、持续功率、相数、工作制、峰值转矩、最高工作转速、绝缘等级、防护等级。

2. 型号命名

（1）驱动电机型号组成

驱动电机型号由驱动电机类型代号、尺寸规格代号、信号反馈元件代号、冷却方式代号、预留代号五部分组成。

例如：

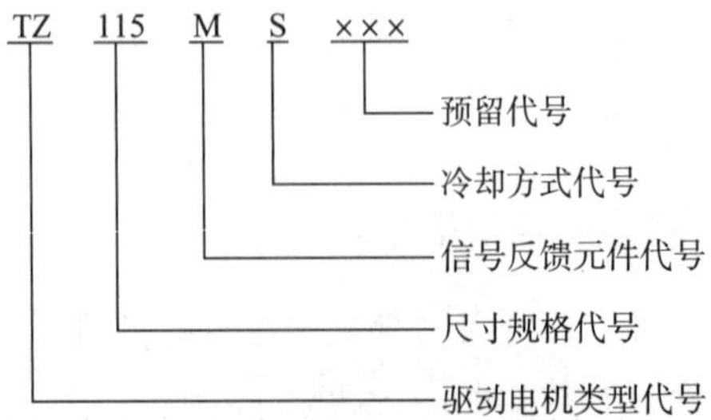

各类型驱动电机代号及释义见表 1-1-3。

表 1-1-3 各类型驱动电机代号及释义

序号	名称	代号	代号释义
1	驱动电机类型代号	ZL	直流电机
		YR	绕线转子异步电机
		YS	笼型异步电机
		TZ	正弦控制型永磁同步电机
		TF	方波控制型永磁同步电机
		KC	开关磁阻电机
2	尺寸规格代号	一般采用定子铁芯外径表示	
3	信号反馈元件代号	M	光电编码器
		X	旋转变压器
		H	霍尔元件
			无传感器不必标出
4	冷却方式代号	S	水冷方式
		Y	油冷方式
		F	强迫风冷方式
5	预留代号	英文大写字母或阿拉伯数字组合，含义由制造商自行确定	

思考与练习

1. 查阅资料，想一想，北汽 EV160 车型搭载的是哪一类型驱动电机？
2. 混合动力电动汽车对电机的基本要求有哪些？
3. 某驱动电机型号为 TF115XS420，该型号驱动电机属于哪种冷却方式？

技能实训 1　驱动电机的认知

实训任务		日期		成绩	
学生姓名		学号		班级	

一、实训目的

1. 了解驱动电机的分类和特点。

2. 能够认知各型号驱动电机。

二、实训器材

实训工作台、直流电机模型、交流感应电机模型、永磁同步电机模型、开关磁阻电机模型、轮毂电机模型等。

三、实训内容

1. 小组分工

维修技师		维修工	
安全员		质检员	
解说员		记录员	

2. 认知驱动电机特点

查阅相关资料，各组员对各类型驱动电机进行识别，完成下表内容的填写，并由本组解说员对驱动电机特点进行简要解说。

序号	驱动电机类型	驱动电机图片	主要特点
1	直流电机		

续表

序号	驱动电机类型	驱动电机图片	主要特点
2			
3	永磁同步电机		
4	开关磁阻电机		
5			优点：传动部件少，车辆结构简单，传动效率高，可实现多种复杂的驱动方式等 缺点：增大簧下质量和轮毂的转动惯量，电制动性能有限，密封要求较高，设计需考虑散热

3. 识读驱动电机铭牌信息

识读下图中驱动电机铭牌信息，并由小组解说员对该电机型号（TZ220XS420）含义进行讲解。

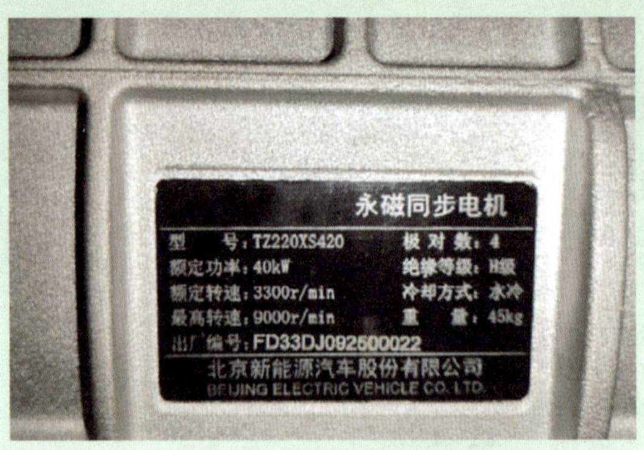

四、质量检查

1. 完工检查

质检员对小组任务完成后的实训现场恢复情况进行检查。

2. 教师质量检查

实训指导教师根据任务实施过程情况，针对实训过程中出现的问题提出改进措施及建议。

序号	评价项目	出现的问题	改进措施
1	小组成员分组及合作		
2	驱动电机特点认知		
3	驱动电机铭牌信息识读		
4	竣工验收		
5	6S 管理		
评价结果		□优秀★★★★★　□良好★★★★ □一般★★★　□较差★★	
操作评价			

五、评价反馈

1. 组间互评

各学习小组通过对其他小组任务实施过程进行互评、对比，并记录评价结果。

序号	评价标准	评价结果
1	任务目标制定合理恰当	
2	任务过程表述清晰明确	
3	任务结果符合实际情况	
4	任务计划切实有效执行	
5	任务体会感受情感真实	
综合评价	□优秀★★★★★ □良好★★★★ □一般★★★ □较差★★	

2. 自我评价

小组成员根据自己在课堂中的实际表现进行反思，并在下表中对自己进行客观、如实评价。

自我评价	

3. 教师综合考核

教师对各小组技能实训情况进行综合考核，并完成以下综合考核表。

综合考核表

序号	评分项目	评价内容	评价成绩		备注
			分值	得分	
1	职业素养	服从安排，遵守纪律，遵守实训场所 6S 管理制度	10		
2		团队合作意识强，注重沟通	10		
3		学习态度积极主动，能参加实习安排活动	10		
4		能自主学习及相互协作	10		
5		安全意识强，责任意识强	5		
6		仪容仪表符合活动安排	5		

续表

序号	评分项目	评价内容	评价成绩		备注
			分值	得分	
7	专业能力	按时按要求独立完成实训内容	15		
8		操作规范，符合要求	10		
9		按时按要求独立或协作完成操作或展示项目	10		
10		资料查阅方式选择得当，效率较高	5		
11		学习准备充分	5		
12		注重工作效率与工作质量	5		
总分			100		
本小组评价			教师签名： 年 月 日		

课题二 | 驱动电机控制器及冷却系统的认知

学习目标

1. 掌握驱动电机控制器的作用和基本组成。
2. 能够列举和识别各类型的驱动电机控制器。
3. 掌握冷却系统的基本知识。

●任务描述

一辆北汽 EX360 型纯电动汽车驶入某北汽 4S 店进行例行保养。在保养期间，该车主咨询关于该车驱动电机控制方面的知识，需维修技师和售后服务人员为其解答，简单介绍驱动电机控制器及冷却系统的作用及基本组成部分。

●任务分析

要想简单介绍驱动电机控制器及冷却系统的作用及基本组成部分，应掌握驱动电机控制器及冷却系统相关基础知识，熟悉北汽电动汽车车型，学会查阅维修手册等相关资料。

相关理论

一、驱动电机控制器认知

1. 驱动电机控制器的作用

驱动电机控制器（drive motor controller），又称电机控制单元（motor control unit，简称 MCU），是控制动力电源与驱动电机之间能量传输的装置，是驱动电机系统的核心控制装置。驱动电机控制器响应整车控制器单元（vehicle control unit，简称 VCU）根据驾驶员意图发出的各种指令，并对信息进行反馈，实时调整驱动电机输出，以实现整车的前行、倒车、停车、能量回收以及驻坡等功能。驱动电机控制器另一个重要功能是通信和保护，实时进行状态和故障检测，保护驱动电机系统和整车安全可靠运行。

2. 驱动电机控制器的组成

驱动电机控制器作为整车驱动系统的重要组成部分，主要由功率变换模块、IGBT 驱动板、控制模块（控制板）、电容、散热水道、接口电路等组件组成。

北汽 EX360 车型电机驱动系统集成了 MCU、DC-DC、OBC（车载充电机）、PTC（车载加热器）等功能，该功率集成单元称为 PEU，图 1-2-1 所示为北汽 EX 360 车型 PEU 外观，图 1-2-2 所示为 PEU 内部的 MCU 位置。

图 1-2-1　EX360 PEU 外观

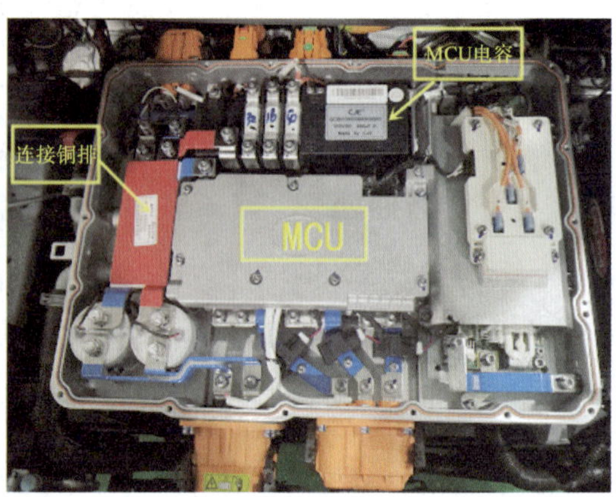

图 1-2-2　MCU 及附件

北汽 EV200 车型的 MCU 为独立部件，并未和其他高压系统部件集成在一起。其 MCU 外观如图 1-2-3 所示，驱动电机控制器基本结构由上下两层部件组成，其中上层主要部件如图 1-2-4 所示，下层主要部件如图 1-2-5 所示。

图 1-2-3　EV200 MCU 外观

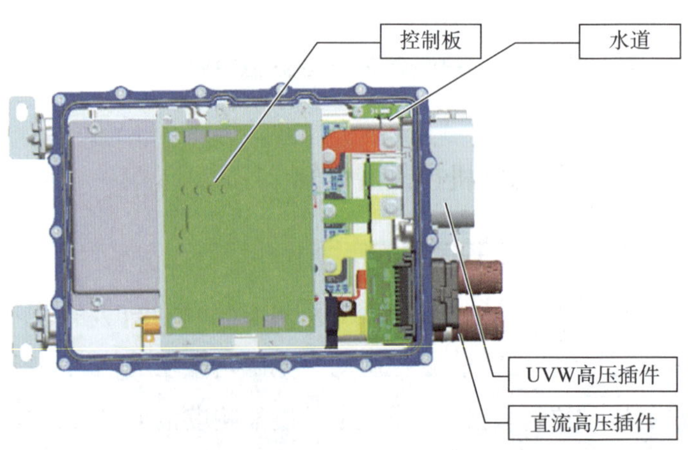

图 1-2-4　EV200 MCU 内部上层主要部件

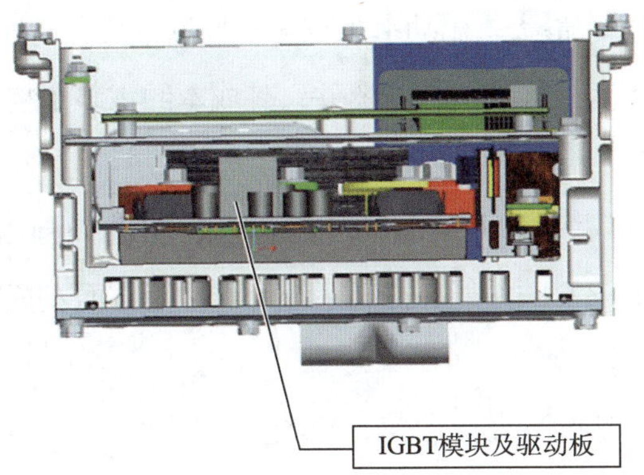

图 1-2-5　EV200 MCU 内部下层主要部件

以下对主要模块部件进行简要介绍。

（1）功率变换模块

功率变换模块通过绝缘栅双极型晶体管（insulated gate bipolar transistor，简称 IGBT）等功率器件实现直流转交流的逆变功能。IGBT 是由双极性晶体管（bipolar junction transistor，简称 BJT）和绝缘栅型场效应管（metal oxide semiconductor field effect transistor，简称 MOSFET）组成的复合全控型电压驱动式功率半导体器件，MOSFET 因栅极为金属铝，又称为金属氧化物半导体场效应管。一般所说的 IGBT 也指 IGBT 模块，IGBT 模块是由 IGBT（绝缘栅双极型晶体管芯片）与 FWD（续流二极管芯片）通过特定的电路桥接封装而成的模块化半导体产品。封装后的 IGBT 模块直接应用于变频器等设备。IGBT 模块封装实物如图 1-2-6 所示。

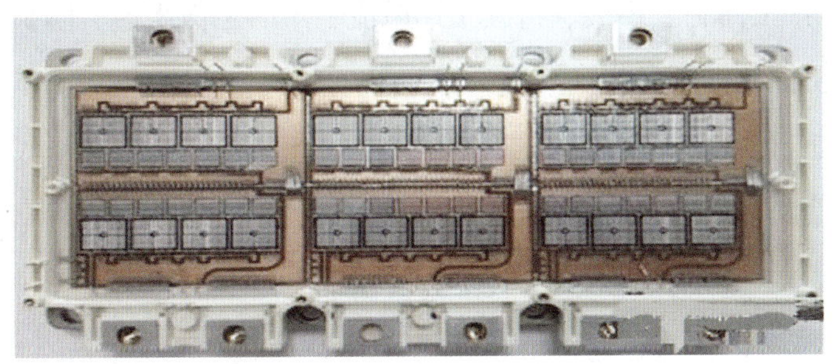

图 1-2-6　IGBT 模块封装实物

IGBT 是一种大功率的电力电子器件，主要用于变频器逆变和其他逆变电路，能够将直流电压逆变成频率可调的交流电，俗称电力电子装置的 CPU。IGBT 并没有放大电压的功能，可以理解为一个“非通即断”的开关，导通时可以看作导线，断开时看作开路。

作为能源变换与传输的核心器件，IGBT 的性能直接影响电动汽车功率的释放速度，它控制着直、交流电的转换，同时对交流电机进行变频控制，控制车辆驱动系统的扭矩

（直接影响汽车加速能力）、最大输出功率（直接影响汽车最高时速）。

IGBT 模块作为功率变换模块的核心器件，其成本约占整个控制器成本的 40%。

（2）IGBT 驱动板

IGBT 驱动板主要有驱动芯片、驱动外围电源、驱动外围电路组成，在重点保护 IGBT 模块、充分发挥 IGBT 的性能、提高系统可靠性等方面发挥着重要作用。

（3）控制模块（控制板）

控制模块可与整车控制器进行通信，检测直流母线电流，控制 IGBT 模块并反馈 IGBT 模块温度，检测高压线束连接情况，分析旋变信号等。

（4）电容（薄膜电容）

驱动电机控制器内部的电容接通高压电路时给电容充电，在电机启动时保持电压的稳定，同时在能量回馈时起到缓冲作用，从而保护动力蓄电池。

3. 驱动电机控制器铭牌型号

《电动汽车用驱动电机系统　第 1 部分：技术条件》（GB/T 18488.1—2015）对驱动电机控制器铭牌和型号作了以下规定：

（1）驱动电机控制器铭牌信息

驱动电机控制器铭牌宜包括如下信息：

1）制造厂名；

2）型号、编号、名称；

3）主要参数：工作制、相数、持续工作电流、短时工作电流、防护等级等。

（2）驱动电机控制器型号命名

驱动电机控制器型号由驱动电机控制器类型代号、工作电压规格代号、信号反馈元件代号、工作电流规格代号、冷却方式代号、预留代号六部分组成。

例如：

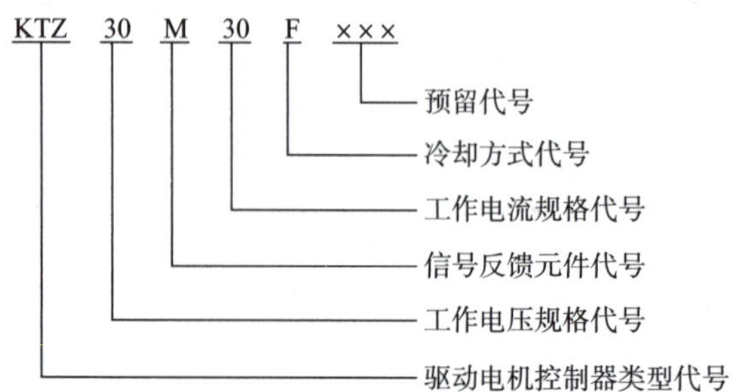

各类型驱动电机控制器代号及释义见表 1-2-1。

表 1-2-1 各类型驱动电机控制器代号及释义

<table>
<tr><th>序号</th><th>名称</th><th>代号</th><th>代号释义</th></tr>
<tr><td>1</td><td>驱动电机控制器类型代号</td><td colspan="2">电机类型代号前加 K 字母表示</td></tr>
<tr><td>2</td><td>工作电压规格代号</td><td colspan="2">驱动电机控制器的标称直流电压除以 10 再圆整后的数值表示。最少用两位数表示，若为交流电，电压值折算至直流值，电压单位为 V</td></tr>
<tr><td rowspan="4">3</td><td rowspan="4">信号反馈元件代号</td><td>M</td><td>光电编码器</td></tr>
<tr><td>X</td><td>旋转变压器</td></tr>
<tr><td>H</td><td>霍尔元件</td></tr>
<tr><td></td><td>无传感器不必标出</td></tr>
<tr><td>4</td><td>工作电流规格代号</td><td colspan="2">驱动电机控制器的最大工作电流除以 10 再圆整后的数值表示。最少用两位数表示，输出电流单位为 A</td></tr>
<tr><td rowspan="3">5</td><td rowspan="3">冷却方式代号</td><td>S</td><td>水冷方式</td></tr>
<tr><td>Y</td><td>油冷方式</td></tr>
<tr><td>F</td><td>强迫风冷方式</td></tr>
<tr><td>6</td><td>预留代号</td><td colspan="2">英文大写字母或阿拉伯数字组合，含义由制造商自行确定</td></tr>
</table>

注：表中圆整也称为取整。

二、冷却系统认知

1. 冷却系统的作用

电动汽车驱动电机和驱动电机控制器在工作过程中会产生热，为尽快将产生的热释放出去，需要对驱动电机和驱动电机控制器进行强制冷却，一般采用的冷却方式为水冷，冷却媒介为冷却液，即在驱动电机和驱动电机控制器中设置冷却水道，通过电动水泵加压驱动冷却液在冷却水道内循环进行散热，达到冷却驱动电机系统的目的。

2. 冷却系统的组成

电动汽车冷却系统的结构主要由电动水泵、水管、散热器、膨胀水箱、风扇等组成，如图 1-2-7 所示。

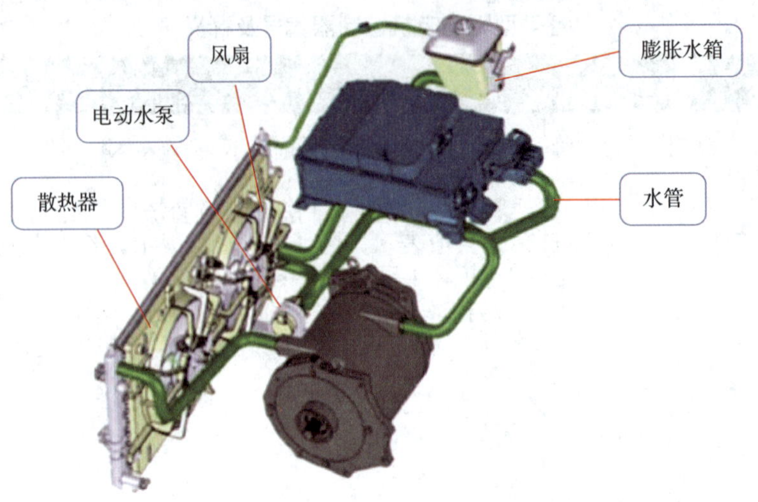

图 1-2-7　冷却系统基本结构

思考与练习

1. 驱动电机控制器的作用是什么？

2. 实车查找驱动电机控制器主要组成部件，并对各部件作用进行简要说明。

技能实训 2　驱动电机控制器的认知

实训任务		日期		成绩	
学生姓名		学号		班级	

一、实训目的

1. 掌握驱动电机控制器的组成。

2. 能够认知各型号驱动电机控制器。

二、实训器材

实训工作台、驱动电机控制器、维修工具等。

三、实训内容

1. 小组分工

维修技师		维修工	
安全员		质检员	
解说员		记录员	

2. 认知驱动电机控制器组成

查阅相关资料，各组员对驱动电机控制器组成部件进行实物认知，完成下表内容的填写，并由本组解说员对驱动电机控制器内部的主要部件功能进行简要解说。

序号	驱动电机控制器部件	功能
1	功率变换模块	
2	控制模块（控制板）	
3	电容	

3. 识读驱动电机控制器铭牌信息

识读本次实训提供的驱动电机控制器的铭牌信息，并由小组解说员对该电机控制器型号含义进行讲解。

四、质量检查

1. 完工检查

质检员对小组任务完成后的实训现场恢复情况进行检查。

2. 教师质量检查

实训指导教师根据学生任务实施过程情况，针对实训过程中出现的问题提出改进措施及建议。

序号	评价项目	出现的问题	改进措施
1	小组成员分组及合作		
2	驱动电机控制器部件认知		
3	驱动电机控制器铭牌信息识读		
4	竣工验收		
5	6S 管理		
评价结果		□优秀★★★★★　□良好★★★★ □一般★★★　□较差★★	
操作评价			

五、评价反馈

1. 组间互评

各学习小组通过对其他小组任务实施过程进行互评、对比，并记录评价结果。

序号	评价标准	评价结果
1	任务目标制定合理恰当	
2	任务过程表述清晰明确	
3	任务结果符合实际情况	
4	任务计划切实有效执行	
5	任务体会感受情感真实	
综合评价	□优秀★★★★★　□良好★★★★ □一般★★★　□较差★★	

2. 自我评价

小组成员根据自己在课堂中的实际表现进行反思，并在下表中对自己进行客观、如实评价。

自我评价	

3. 教师综合考核

教师对各小组技能实训情况进行综合考核，并完成以下综合考核表。

综合考核表

序号	评分项目	评价内容	评价成绩		备注
			分值	得分	
1	职业素养	服从安排，遵守纪律，遵守实训场所 6S 管理制度	10		
2		团队合作意识强，注重沟通	10		
3		学习态度积极主动，能参加实习安排活动	10		
4		能自主学习及相互协作	10		
5		安全意识强，责任意识强	5		
6		仪容仪表符合活动安排	5		
7	专业能力	按时按要求独立完成实训内容	15		
8		操作规范，符合要求	10		
9		按时按要求独立或协作完成操作或展示项目	10		
10		资料查阅方式选择得当，效率较高	5		
11		学习准备充分	5		
12		注重工作效率与工作质量	5		
总分			100		
本小组评价			教师签名： 年　月　日		

技能实训 3　冷却系统的认知

实训任务		日期		成绩	
学生姓名		学号		班级	

一、实训目的

1. 掌握电动汽车冷却系统的作用。

2. 能够认知电动汽车冷却系统结构组成。

二、实训器材

实训工作台、电动汽车、维修工具等。

三、实训内容

1. 小组分工

维修技师		维修工	
安全员		质检员	
解说员		记录员	

2. 认知电动汽车冷却系统组成

查阅相关资料，各组员对电动汽车冷却系统结构组成进行实车认知，完成下表内容的填写，并由本组解说员对冷却系统的主要部件功能进行简要解说。

序号	冷却系统部件总成	总成图片	功能
1	电动水泵		

续表

序号	冷却系统部件总成	总成图片	功能
2	冷却水管		
3	散热器及风扇	散热器 电风扇	
4	膨胀水箱		

四、质量检查

1. 完工检查

质检员对小组任务完成后的实训现场恢复情况进行检查。

2. 教师质量检查

实训指导教师根据学生任务实施过程情况，针对实训过程中出现的问题提出改进措施及建议。

序号	评价项目	出现的问题	改进措施
1	小组成员分组及合作		
2	冷却系统组成部件认知		
3	竣工验收		
4	6S 管理		
评价结果		□优秀★★★★★ □良好★★★★ □一般★★★ □较差★★	
操作评价			

五、评价反馈

1. 组间互评

各学习小组通过对其他小组任务实施过程进行互评、对比，并记录评价结果。

序号	评价标准	评价结果
1	任务目标制定合理恰当	
2	任务过程表述清晰明确	
3	任务结果符合实际情况	
4	任务计划切实有效执行	
5	任务体会感受情感真实	
综合评价	□优秀★★★★★ □良好★★★★ □一般★★★ □较差★★	

2. 自我评价

小组成员根据自己在课堂中的实际表现进行反思，并在下表中对自己进行客观、如实评价。

自我评价	

3. 教师综合考核

教师对各小组技能实训情况进行综合考核，并完成以下综合考核表。

综合考核表

<table>
<tr><th rowspan="2">序号</th><th rowspan="2">评分项目</th><th rowspan="2">评价内容</th><th colspan="2">评价成绩</th><th rowspan="2">备注</th></tr>
<tr><th>分值</th><th>得分</th></tr>
<tr><td>1</td><td rowspan="6">职业素养</td><td>服从安排，遵守纪律，遵守实训场所 6S 管理制度</td><td>10</td><td></td><td></td></tr>
<tr><td>2</td><td>团队合作意识强，注重沟通</td><td>10</td><td></td><td></td></tr>
<tr><td>3</td><td>学习态度积极主动，能参加实习安排活动</td><td>10</td><td></td><td></td></tr>
<tr><td>4</td><td>能自主学习及相互协作</td><td>10</td><td></td><td></td></tr>
<tr><td>5</td><td>安全意识强，责任意识强</td><td>5</td><td></td><td></td></tr>
<tr><td>6</td><td>仪容仪表符合活动安排</td><td>5</td><td></td><td></td></tr>
<tr><td>7</td><td rowspan="6">专业能力</td><td>按时按要求独立完成实训内容</td><td>15</td><td></td><td></td></tr>
<tr><td>8</td><td>操作规范，符合要求</td><td>10</td><td></td><td></td></tr>
<tr><td>9</td><td>按时按要求独立或协作完成操作或展示项目</td><td>10</td><td></td><td></td></tr>
<tr><td>10</td><td>资料查阅方式选择得当，效率较高</td><td>5</td><td></td><td></td></tr>
<tr><td>11</td><td>学习准备充分</td><td>5</td><td></td><td></td></tr>
<tr><td>12</td><td>注重工作效率与工作质量</td><td>5</td><td></td><td></td></tr>
<tr><td colspan="3">总分</td><td>100</td><td></td><td></td></tr>
<tr><td colspan="2">本小组评价</td><td></td><td colspan="3">教师签名：
年 月 日</td></tr>
</table>

worldskills 世赛知识

世界技能大赛及其办赛理念

世界技能大赛（WorldSkills Competition，WSC）是迄今全球层级最高、规模最大、影响力最广的职业技能竞赛，被誉为“世界技能奥林匹克”，其竞技水平代表了职业技能发展的世界先进水平，是世界技能组织成员展示和交流职业技能的重要平台。世界技能大赛由世界技能组织（WorldSkills International，WSI）举办，每两年一届，截至2020年已成功举办45届。

世界技能组织是世界技能大赛的组织机构，其前身是“国际职业技能训练组织”。20世纪50年代，西班牙、葡萄牙两国共同发起创立了“国际职业技能训练组织”，目的是感召青年人重视职业技能，引导社会和雇主重视职业技能培训。

世界技能组织的宗旨是提升公众对技能人才的认可，展示技能在实现经济发展和个人成功中的重要性。自1971年起，世界技能组织每两年举办一届世界技能大赛。

世界技能大赛是青年人展示技能的舞台，旨在促进青年技能劳动者职业能力的提升，促进世界各个国家和地区在职业技能领域的合作与交流，促进职业技能的推广。竞技不是目的，相互交流和提高才是根本。

世界技能大赛的办赛理念具体包括：

- 推广职业教育、技工教育和职业培训（Technical and Vocational Education and Training，TVET）。
- 促进职业教育、技工教育和职业培训信息交流。
- 促进成员国家和地区之间年轻技术人员及培训人员的经验交流与合作。
- 提高社会对技术人才及职业教育、技工教育和职业培训的重视。

世界技能大赛秉承开放办赛、客观公正的宗旨。

为了推广职业技能，世界技能大赛举办期间，除了正式的技能竞赛外，还会举行丰富多彩的活动，如“一校一队”、技能展示、技能互动、高层论坛、研讨会等。在“一校一队”活动中，每个代表团都会走进当地的一所中小学开展交流活动，借此机会搭建起一个文化交流的平台，使当地学生能够近距离了解世界各个国家和地区的职业教育，以此激励学生们不断进取。

模块二
驱动电机的检测与维修

课题一 直流电机的拆装

学习目标

1. 了解直流电机的功能及应用。
2. 能够叙述和识别直流电机的基本结构。
3. 掌握直流电机的工作原理。
4. 能够规范地进行直流电机的拆装。

任务描述

一景点观光旅游车行驶中忽然出现焦味并且伴有冒青烟的情况，司机立即驾车到附近的维修厂。接待人员通过检查发现车载驱动电机非常热，故障指示灯点亮，该车采用直流电机，现需维修技师对其进行拆卸、检查，然后重新装配。

任务分析

直流电机发生故障，会出现一些异常现象，如散发焦味、温度升高、冒烟等。检查、排除此类故障，应根据需要对直流电机进行拆卸、检查，将问题处理后还需重新装配。

相关理论

一、直流电机的功能及应用

1. 直流电机的功能

直流电机（direct current electrical machine）是指能将直流电能转换成机械能（直流电动机）或将机械能转换成直流电能（直流发电机）的旋转电机。

该电机实现直流电能和机械能互相转换，当它作电动机运行时是直流电动机，将电能转换为机械能；当它作发电机运行时是直流发电机，将机械能转换为电能。

2. 直流电机的应用

由于直流电机具有良好的启动和调速性能，常应用于对启动和调速有较高要求的场合，如大型可逆式轧钢机、矿井卷扬机、宾馆高速电梯、龙门刨床、电力机车、内燃机车、城市电车、造纸和印刷机械、船舶机械、大型精密机床和大型起重机、低速电动车、旅游观光车等生产机械中。由于有刷直流电机自身缺点，在电动汽车中的应用已处于劣势，目前已逐渐被淘汰，部分车型搭载的驱动电机为无刷直流电机。图 2-1-1 所示为应用无刷直流电机的比亚迪 E6（2017 款）电动汽车。

图 2-1-1　比亚迪 E6（2017 款）电动汽车

二、直流电机的组成和分类

1. 直流电机的组成

直流电机由定子和转子两大部分组成。直流电机运行时静止不动的部分称为定子，定子的主要作用是产生磁场，由外壳（机座）、主磁极、换向极、电刷装置、轴承和端盖等组成。运行时转动的部分称为转子，其主要作用是产生电磁转矩和感应电动势，是直流电机进行能量转换的枢纽，所以通常又称为电枢，由转轴、电枢铁芯、电枢绕组、换向器和风扇等组成，直流有刷电机结构如图 2-1-2 所示。

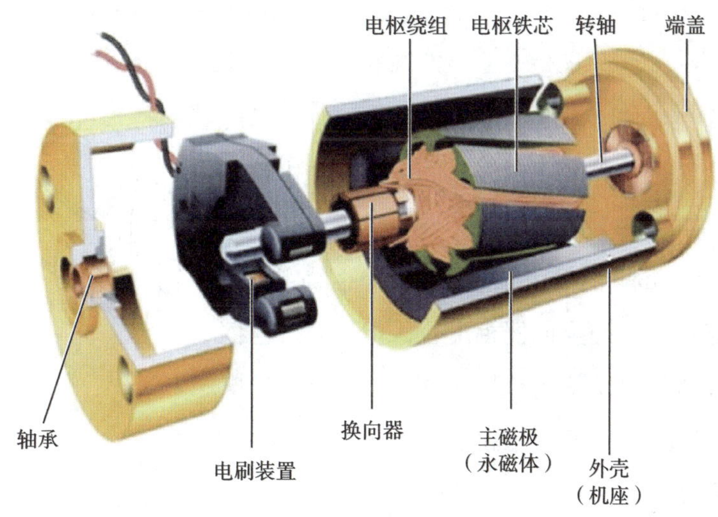

图 2-1-2　直流有刷电机结构图

（1）定子部分

定子部分包括机座、主磁极、换向极和电刷装置等，直流电机的定子内部结构如图 2-1-3 所示。

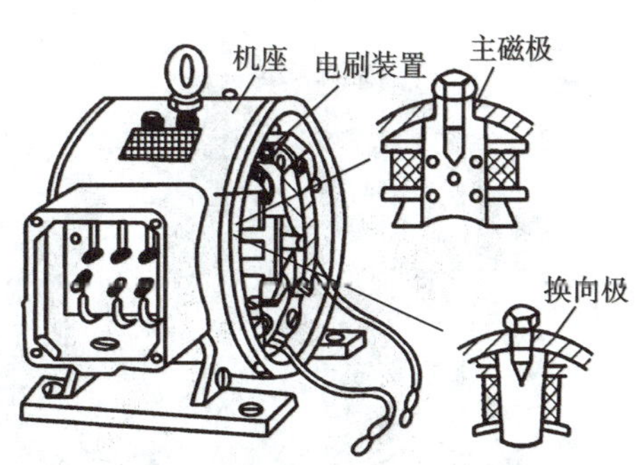

图 2-1-3　直流电机的定子内部结构图

1）机座。机座有两个作用：一是作为直流电机磁路系统中的一部分，二是用来固定主磁极、换向极及端盖等，起机械支撑的作用。因此要求机座有良好的导磁性能和足够的机械强度及刚度。机座通常用铸钢或厚钢板焊接而成。

2）主磁极。在大多数直流电机中，主磁极是电磁铁，为了尽可能地减小涡流和磁滞损耗，主磁极铁芯用 1～1.2 mm 厚的低碳钢板叠压而成。整个磁极用螺钉固定在机座上。主磁极的作用是在定子和转子之间的气隙中建立磁场，使电枢绕组在磁场的作用下产生感应电动势和产生电磁转矩，电枢绕组在磁场的作用如图 2-1-4 所示。

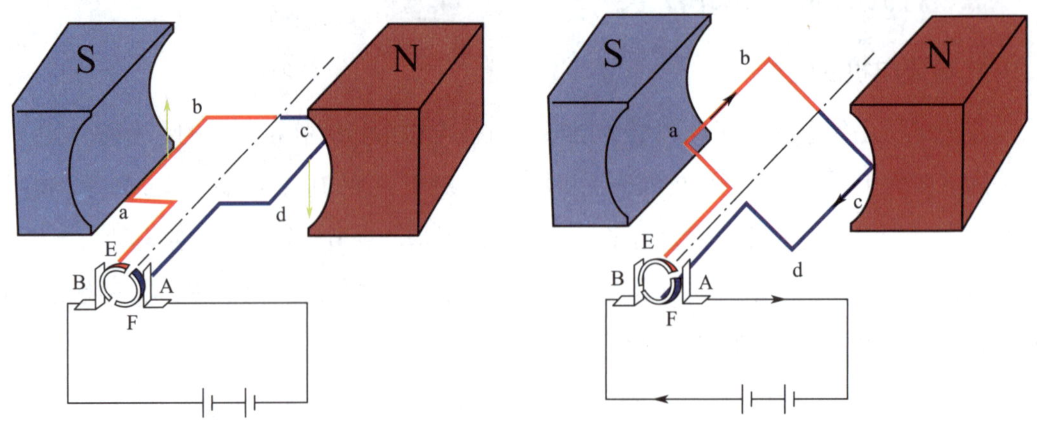

图 2-1-4　电枢绕组在磁场的作用示意图

3）换向极。换向极又称附加极或间极，其作用是改善换向。换向极装在相邻两主磁极之间，它也是由铁芯和绕组构成的，如图 2-1-5 所示。

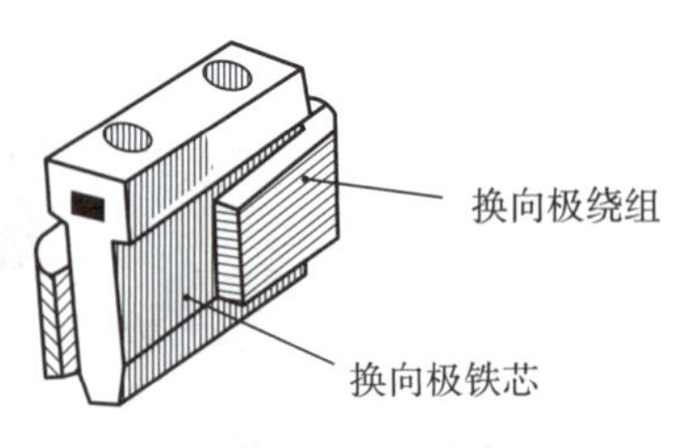

图 2-1-5　换向极

4）电刷装置。电刷的作用是把转动的电枢绕组与静止的外电路相连接，并与换向器相配合，担负着对电枢绕组中感应的交变电动势进行换向（整流）的任务。电刷装置部件组成如图 2-1-6 所示。

（2）转子部分

转子又称为电枢，包括电枢铁芯、电枢绕组、换向器、风扇、轴和轴承等，转子结构如图 2-1-7 所示。

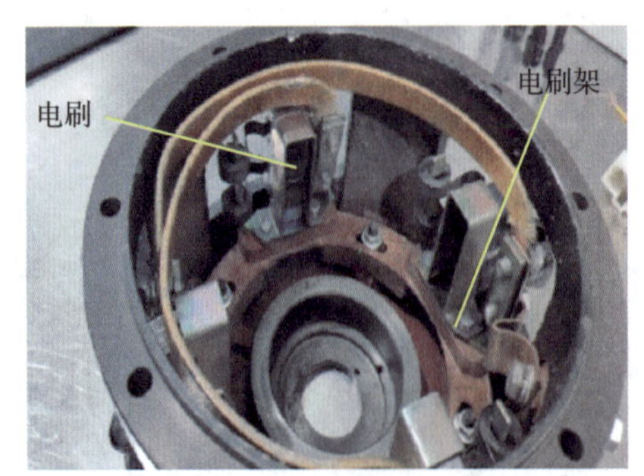

图 2-1-6　电刷装置

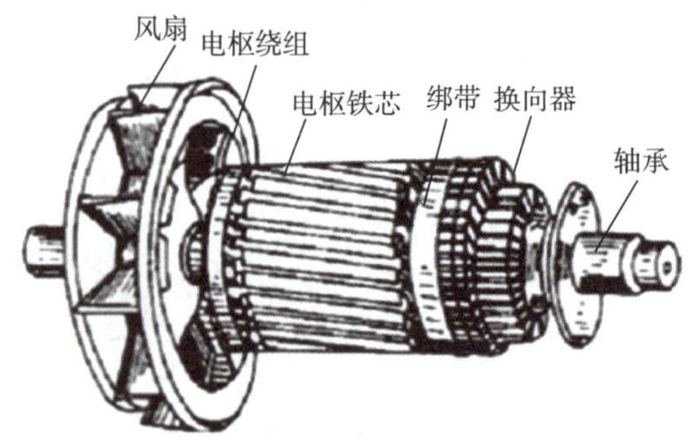

图 2-1-7　直流电机转子结构图

1）电枢铁芯。电枢铁芯是直流电机主磁路的一部分，用来嵌放电枢绕组。为了减少电枢旋转时电枢铁芯中磁通变化而引起的磁滞及涡流损耗，电枢铁芯通常采用 0.5 mm 厚的两面涂有绝缘漆的硅钢片叠压而成，电枢铁芯实物如图 2-1-8 所示。

2）电枢绕组。电枢绕组由许多按一定规律连接的线圈组成。它是直流电机的主要电路部分，也是通过电流和感应电动势实现机电能量转换的关键性部件。

3）换向器。换向器实现外电路电流与电枢绕组中交流电之间的相互变换，其实物如图 2-1-9 所示。

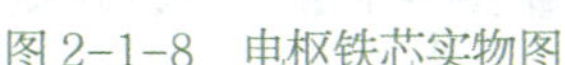

图 2-1-8 电枢铁芯实物图

图 2-1-9 换向器实物图

2. 直流电机的分类

（1）直流电机按功用分可以分为直流电动机和直流发电机。

（2）直流电机按有无电刷分可以分为有刷直流电机和无刷直流电机。图 2-1-10 为有刷直流电机模型，图 2-1-11 为无刷直流电机的外观。

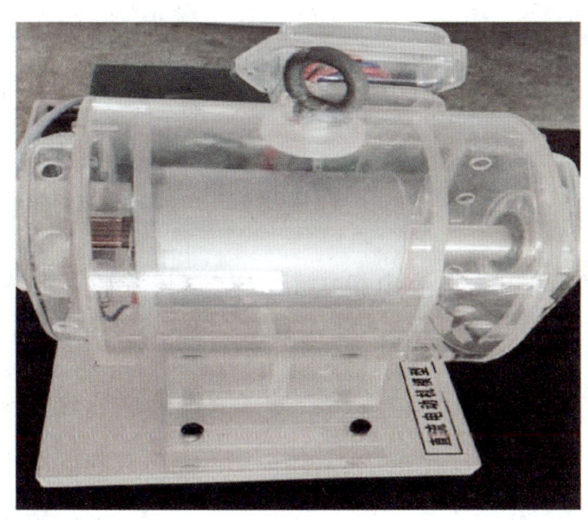

图 2-1-10 有刷直流电机模型

图 2-1-11 无刷直流电机

（3）直流电机按励磁方式可以分为他励式、并励式、串励式、复励式四种，如图 2-1-12 所示。

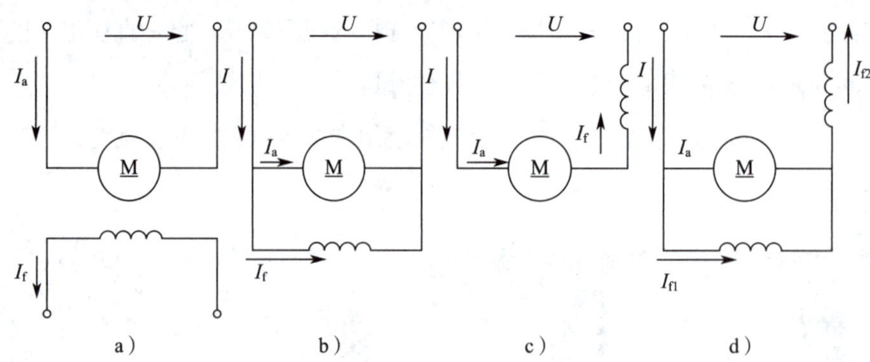

图 2-1-12　按励磁方式分类的直流电机

a）他励式电机　b）并励式电机　c）串励式电机　d）复励式电机

1）他励式直流电机　他励式直流电机的接线如图 2-1-12a 所示，他励式直流电机的励磁绕组与电枢绕组分别由各自的直流电源单独供电，在电路上没有直接联系。

2）并励式直流电机　并励式直流电机的接线如图 2-1-12b 所示，并励式直流电机的励磁绕组与电枢绕组并联，由同一个直流电源供电。两个绕组电压相等，励磁绕组匝数多，导线截面积较小，励磁电流只占电枢电流的一小部分。

3）串励式直流电机　串励式直流电机的接线如图 2-1-12c 所示，串励式直流电机的励磁绕组与电枢绕组串联，由同一个直流电源供电，流过励磁绕组和电枢绕组的电流相等。励磁绕组匝数少，导线截面积较大，励磁绕组上的电压降很小。

4）复励式直流电机　复励式直流电机的接线如图 2-1-12d 所示，复励式直流电机有两个励磁绕组，一个与电枢绕组并联，另一个与电枢绕组串联，由同一个直流电源供电。

三、直流电机的工作原理

图 2-1-13 所示为直流电机工作原理示意图。直流电机中固定有环状永磁体，图 2-1-13a 所示电路接通后，线圈 ab 段在磁场中受到向上的力，线圈 cd 段在磁场中受到向下的力，线圈开始转动。当线圈转过图 2-1-13b 所示位置后，转子末端的电刷转为接触另一侧的转换片，cd 段受到向上的力，ab 段受到向下的力，使得线圈旋转方向保持不变，如图 2-1-13c 所示。类似地，当线圈转过图 2-1-13d 所示位置后，电刷接触的转换片再次交换，线圈旋转方向仍不变。可见，在换向器和电刷的配合下，直流电流交替地由导体 ab 和 cd 流入，使线圈旋转方向保持不变，从而使电动机连续地旋转起来，直流电能就转换成了转子轴上输出的机械能。

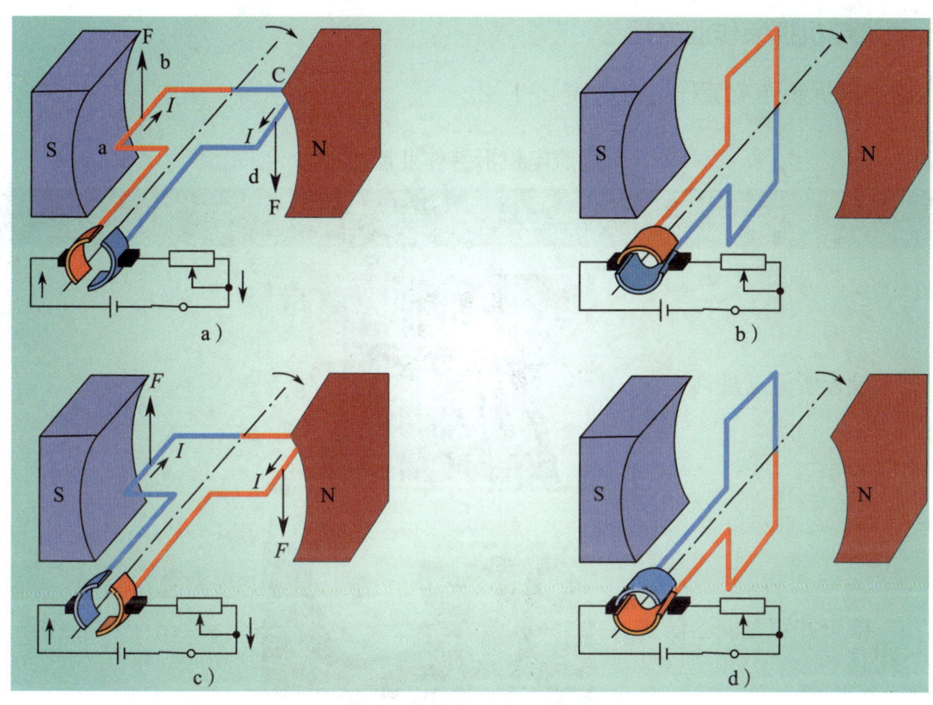

图 2-1-13　直流电机旋转示意图

四、直流电机的拆装

1. 拆装作业准备

所需主要的维修设备、工具见表 2-1-1。

表 2-1-1　　所需主要的维修设备、工具

序号	设备名称	图片参考	序号	设备名称	图片参考
1	直流电机		3	防护用品	
2	传统维修工具		4	绝缘维修工具	

2. 直流电机拆装作业流程

直流电机拆装作业流程可参考表 2-1-2。

表 2-1-2　直流电机拆装作业流程

序号	步骤实施	图片参考	备注
1	检查所需工量具		
2	检查并穿戴安全防护用具	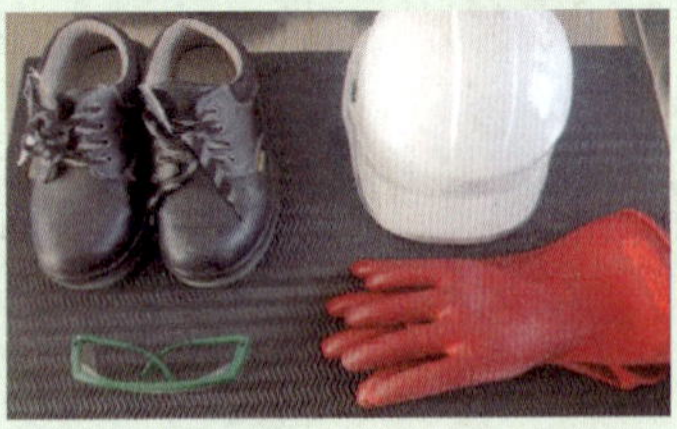	
3	检查并调校仪器设备		
4	检查电机外观并做标记		
5	拆下电机速度传感器		拆除后注意做好标记

续表

序号	步骤实施	图片参考	备注
6	使用专用工具锁止碳刷压紧弹簧并固定碳刷		注意不要损伤碳刷
7	拆卸直流电机后端盖及碳刷架总成		利用铜棒或木块敲击端盖使其松动
8	拆下电机后端盖后妥善放置，并检查端盖轴承座圈是否正常		检查并记录有无明显划伤及锈蚀
9	拆卸直流电机前端盖		利用铜棒或木块敲击端盖使其松动
10	拆下电机前端盖后妥善放置，并检查端盖轴承座圈是否正常		检查并记录有无明显划伤及锈蚀

续表

序号	步骤实施	图片参考	备注
11	缓慢抽出转子总成		注意防止损坏定子线圈及转子钢片
12	拆解完电机后妥善放置		
13	检查定子总成外观以及线圈情况		检查并记录，正常情况下应线圈无破损、壳体无裂纹
14	检查转子总成外观以及换向器情况		检查并记录，正常情况下应线圈无破损、换向器无异常划伤或磨损
15	检查转子总成前后轴承情况		检查并记录，正常情况下应轴承无异常划伤

续表

序号	步骤实施	图片参考	备注
16	检查碳刷外观及尺寸	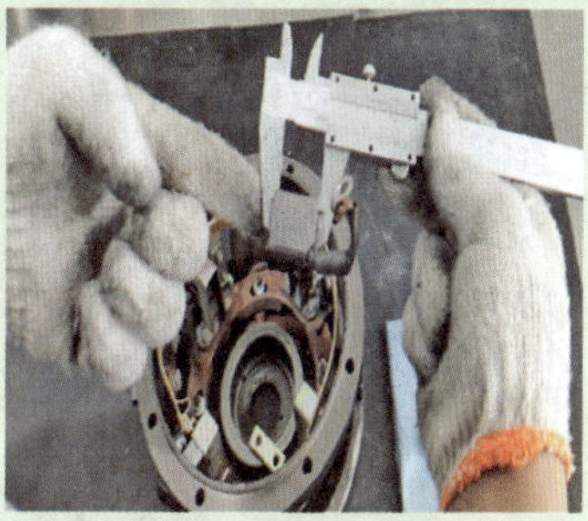	
17	测量碳刷架连接线电阻	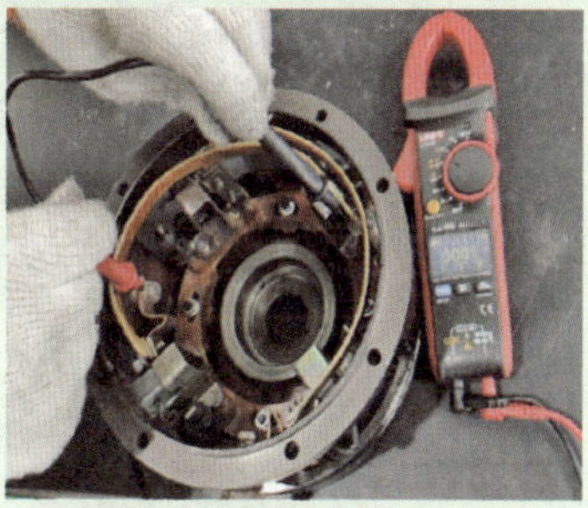	
18	测量转子换向器直径	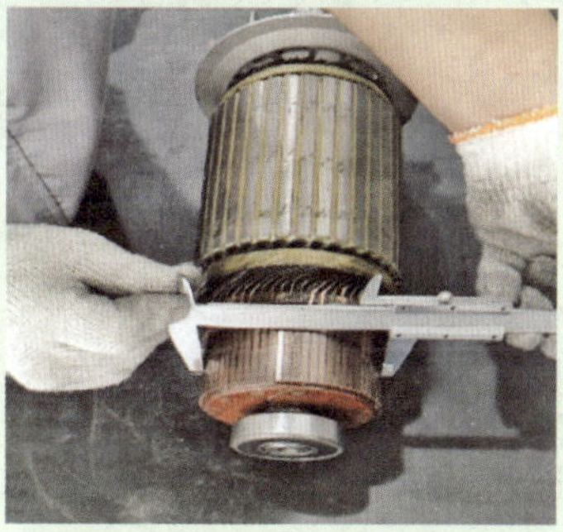	
19	测量换向器与铁芯之间的电阻		
20	测量换向器与铁芯之间的绝缘阻值		

续表

序号	步骤实施	图片参考	备注
21	测量定子线圈电阻		
22	测量定子线圈与外壳电阻		
23	检测完毕做好记录，并且装复电机		严格按照拆卸时做好的标记进行装配
24	直流电机装配完成后，检验以下内容： (1) 检验螺栓扭矩是否正常 (2) 检验导线连接是否正确 (3) 通电后检查电机运行是否产生异响、异味 (4) 检验电机加速是否灵敏无迟滞		电机为高速旋转部件，检查时应注意做好自身安全防护工作

思考与练习

1. 直流电动机与直流发电机的区别有哪些?

2. 总结直流电机拆装作业过程中可能出现的问题。

技能实训 4 直流电机的拆装

实训任务		日期		成绩	
学生姓名		学号		班级	

一、实训目的

1. 掌握直流电机总成拆装过程的注意事项。
2. 能够规范拆装直流电机总成。

二、实训器材

实训工作台、直流电机总成、安全防护用品、传统维修工具、绝缘维修工具等。

三、实训内容

1. 小组分工

维修技师		维修工	
安全员		质检员	
解说员		记录员	

2. 直流电机拆装流程

查阅相关资料，各组员共同探讨直流电机拆装流程及拆装过程中的注意事项，并由本组解说员对拆装流程进行解说，在实训过程中将测量数据或问题情况说明填写在下表中。

步骤	作业内容	注意事项	测量数据或问题情况说明
1			
2			
3			
4			
5			
6			

续表

步骤	作业内容	注意事项	测量数据或问题情况说明
7			
8			
9			
10			
11			

四、质量检查

1. 完工检查

质检员对小组任务完成后的作业现场恢复情况进行质量检查。

2. 教师质量检查

实训指导教师根据学生任务实施过程情况，针对实训过程中出现的问题提出改进措施及建议。

序号	评价项目	出现的问题	改进措施
1	小组成员分组及合作		
2	直流电机的拆卸		
3	直流电机的数据测量		
4	直流电机的装配		
5	直流电机拆装注意事项		
6	竣工验收		
7	6S 管理		
评价结果		□优秀★★★★★　□良好★★★★ □一般★★★　□较差★★	
操作评价			

五、评价反馈

1. 组间互评

各学习小组通过对其他小组任务实施过程进行互评、对比，并记录评价结果。

序号	评价标准	评价结果
1	任务目标制定合理恰当	
2	任务过程表述清晰明确	
3	任务结果符合实际情况	
4	任务计划切实有效执行	
5	任务体会感受情感真实	
综合评价	□优秀★★★★★ □良好★★★★ □一般★★★ □较差★★	

2. 自我评价

小组成员根据自己在课堂中的实际表现进行反思，并在下表中对自己进行客观、如实评价。

自我评价	

3. 教师综合考核

教师对各小组技能实训情况进行综合考核，并完成以下综合考核表。

综合考核表

序号	评分项目	评价内容	评价成绩		备注
			分值	得分	
1	职业素养	服从安排，遵守纪律，遵守实训场所6S管理制度	10		
2		团队合作意识强，注重沟通	10		

续表

序号	评分项目	评价内容	评价成绩		备注
			分值	得分	
3	职业素养	学习态度积极主动，能参加实习安排活动	10		
4		能自主学习及相互协作	10		
5		安全意识强，责任意识强	5		
6		仪容仪表符合活动安排	5		
7	专业能力	按时按要求独立完成作业内容	15		
8		操作规范，符合要求	10		
9		按时按要求独立或协作完成操作或展示项目	10		
10		工具设备选择得当，使用符合技术要求	5		
11		学习准备充分	5		
12		注重工作效率与工作质量	5		
总分			100		
本小组评价			教师签名： 年 月 日		

课题二 | 交流异步电机的检测与维修

学习目标

1. 了解交流异步电机功能及应用。
2. 能够叙述并识别交流异步电机的基本结构。
3. 掌握交流异步电机的工作原理。
4. 能够规范进行交流异步电机的拆装，完成故障检修。

●任务描述

客户张先生的纯电动汽车出现了驱动电机系统故障，客户反映车辆不能正常行驶，通电后驱动电机不转，有“嗡嗡”声，仪表盘上主警告灯点亮，故障指示灯点亮，现需由维修技师排除此故障。

●任务分析

驱动电机发生故障后会出现一些异常现象，如温度升高、电流过大、发生震动和有异常声音等。检查、排除驱动电机的故障，应首先对驱动电机进行仔细观察，了解故障发生后出现的异常现象。然后通过异常分析原因，找出故障所在，最后排除故障。

相关理论

一、交流异步电机的功能及应用

1. 交流异步电机的功能

交流异步电机包括交流感应电机和交流换向器电机。交流感应电机是由气隙旋转磁场与转子绕组感应电流相互作用产生电子转矩，从而实现电能转换为机械能的一种交流电动机，是各类电动机中应用最广、需求量最大的一种。实际应用中提到的交流异步电机，通常即指交流感应电机，本课题主要针对交流感应电机进行介绍，文中所提及的交流异步电机均指交流感应电机。

交流异步电机的种类很多，常按转子结构和定子绕组相数进行分类，按转子结构，可分为笼型异步电机和绕线转子异步电机；按定子绕组相数，则分为单相异步电机、两相异步电机和三相异步电机。

2. 交流异步电机的应用

交流异步电机在电动汽车中应用广泛，其结构简单、运行可靠、转速高、成本低，是电动汽车驱动系统的理想选择，可适用于大功率、低速车辆，尤其是驱动系统功率需求较大的大型电动客车，如广汽 GZ6120EV1，金龙 XMQ6126YE、申沃 SWB6121EV2 等。部分电动轿车也搭载交流异步电机，如特斯拉 Model X、特斯拉 Model S、荣威 550Plug-in 等，特斯拉 Model S 搭载的交流异步电机如图 2-2-1 所示。应用在电动汽车上的交流异步电机是三相交流异步电机。

图 2-2-1　特斯拉 Model S 交流异步电机

二、交流异步电机的结构

下面主要介绍电动汽车上应用的三相交流异步电机。三相交流异步电机（也常被称作三相异步电动机）的种类很多，但各类三相交流异步电机的基本结构是相同的，它们都由定子和转子这两大基本部分组成，在定子和转子之间具有一定的气隙，此外，还有端盖、轴承、接线盒等其他附件，如图 2-2-2 所示。

1. 定子

定子是用来产生旋转磁场的。三相交流异步电机的定子一般由外壳、定子铁芯、定子绕组等组成。

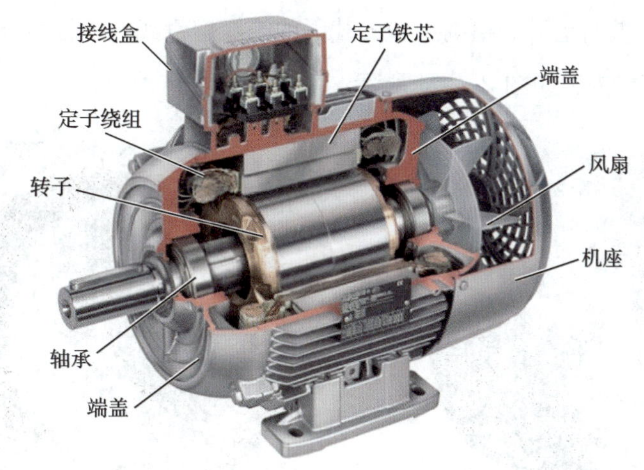

图 2-2-2　三相交流异步电机结构组成

（1）外壳

三相交流异步电机外壳包括机座、端盖、轴承盖、接线盒等部件。

1）机座。机座由铸铁或铸钢浇铸成型，它的作用是保护和固定三相交流异步电机的定子绕组。中、小型三相交流异步电机的机座还有两个端盖支承着转子，它是三相交流异步电机机械结构的重要组成部分。通常，机座的外表要求散热性能好，所以一般都铸有散热片。

2）端盖。端盖由铸铁或铸钢浇铸成型，它的作用是把转子固定在定子内腔中心，使转子能够在定子中旋转。

3）轴承盖。轴承盖也是用铸铁或铸钢浇铸成型的，它的作用是固定转子，使转子不能轴向移动，另外起存放润滑油和保护轴承的作用。

4）接线盒。接线盒一般用铸铁浇铸，其作用是保护和固定绕组的引出线端子。

（2）定子铁芯

三相交流异步电机定子铁芯是电机磁路的组成部分，嵌放定子绕组，由 0.35～0.5 mm 厚表面涂有绝缘漆的薄硅钢片叠压而成，如图 2-2-3 所示。由于硅钢片较薄而且片与片之间是绝缘的，所以减少了由于交变磁通通过而引起的铁芯涡流损耗。铁芯内圈有均匀分布的槽口，用来嵌放定子绕组。

（3）定子绕组

定子绕组是三相交流异步电机的电路部分，三相交流异步电机有三相绕组，通入三相对称电流时，就会产生旋转磁场。三相绕组由三个彼此独立的绕组组成，且每个绕组又由若干线圈连接而成。每个绕组即为一相，每个绕组在空间上相差 120° 电角度。线圈由绝缘铜导线或绝缘铝导线绕制。中、小型三相交流异步电机多采用圆漆包线，大、中型三相交流异步电机的定子绕组则用较大截面的绝缘扁铜线或扁铝线绕制后，再按一定规律嵌入定子铁芯槽内，如图 2-2-4 所示。

图 2-2-3　定子铁芯示意图

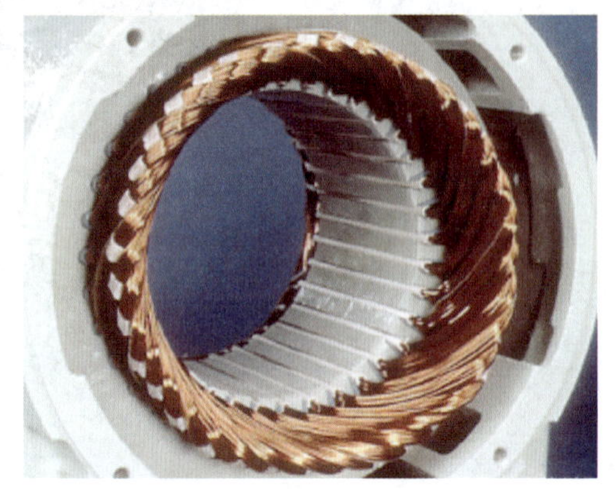

图 2-2-4　定子绕组

定子三相绕组的六个出线端都引至接线盒上，首端分别标为 U1、V1、W1，末端分别标为 U2、V2、W2。这六个出线端在接线盒里的排列如图 2-2-5 所示，可以接成星形或三角形。

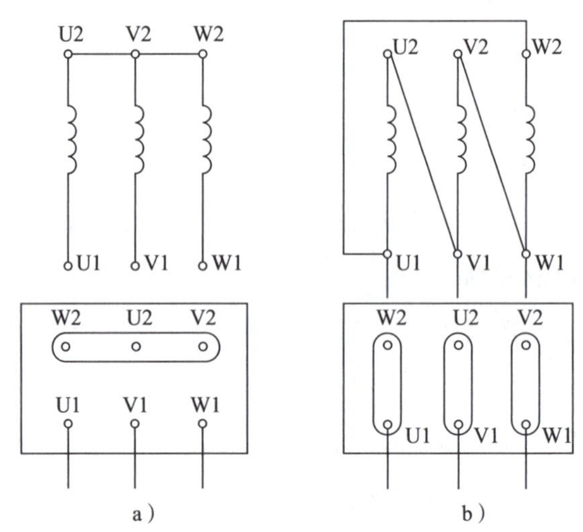

图 2-2-5　定子绕组的联结

a）星形联结　b）三角形联结

2. 转子

（1）转子铁芯

转子铁芯用 0.5 mm 厚的硅钢片叠压而成，套在转轴上，是主磁路的组成部分，用于放置或浇注转子绕组，如图 2-2-6 所示。

图 2-2-6 转子铁芯示意图

（2）转子绕组

转子绕组的作用是产生感应电动势、流过电流和产生电磁转矩。转子绕组根据结构形式分为笼型转子绕组和绕线型转子绕组。

1）笼型转子绕组。在转子铁芯的每一个槽中插入一根铜条，在铜条两端各用一个铜环（称为端环）把导条连接起来，称为铜排转子，如图 2-2-7 所示。也可用铸铝的方法，把转子导条和端环风扇叶片用铝液一次浇铸而成，称为铸铝转子。100 kW 以下的小型交流异步电机一般采用铸铝转子。

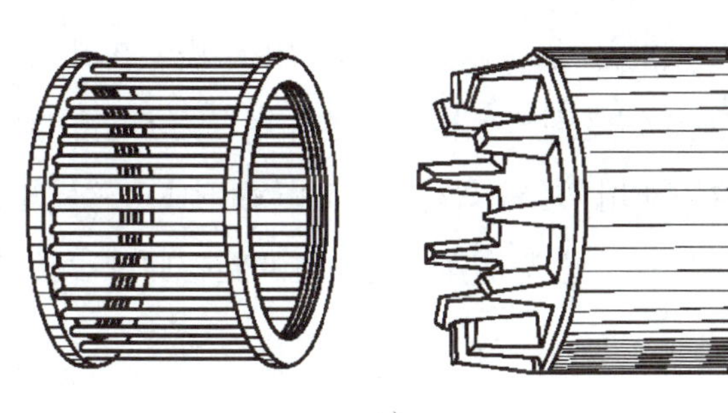

a）　　b）

图 2-2-7 笼型转子绕组

a）铜排转子 b）铸铝转子

2）绕线型转子绕组

绕线型转子绕组如图 2-2-8 所示。绕线型转子绕组是与定子绕组相似的三相对称绕组，一般接成星形。三个出线端分别接到三个滑环上，再通过电刷引出，如图 2-2-9 所示。

（3）转轴

转轴的作用是支撑转子铁芯、传递机械功率，由低碳钢或合金钢制成。

3. 其他部分

其他部分包括端盖、风扇等。端盖除了起防护作用外，还装有轴承，用以支撑转子轴。风扇则用来通风冷却电机。三相交流异步电机的定子与转子之间还存在气隙，一般

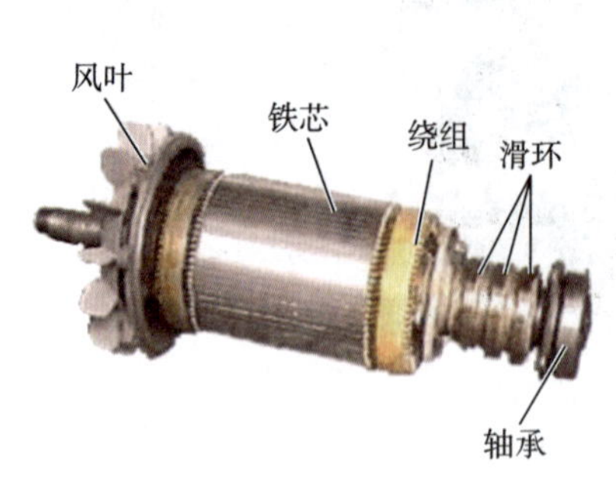

图 2-2-8　绕线型转子示意图

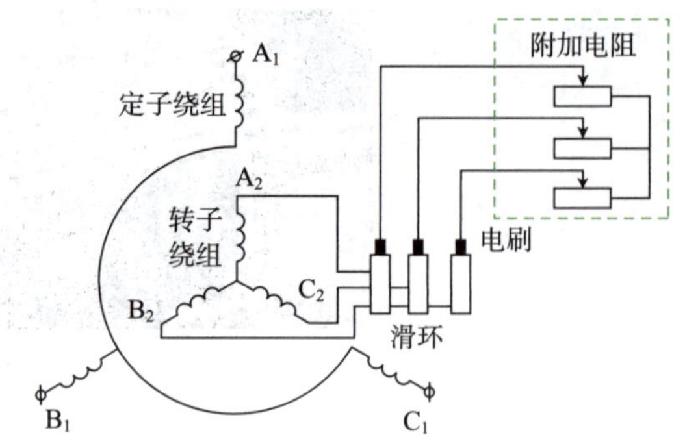

图 2-2-9　绕线型转子与外加变阻器的连接

仅为 0.2～1.5 mm。气隙太大，电机运行时的功率因数降低；气隙太小，使装配困难，运行不可靠，高次谐波磁场增强，从而使附加损耗增加以及使启动性能变差。

三、交流异步电机的工作原理

下面以三相交流异步电机为例进行介绍。

1. 旋转磁场

当磁铁旋转时，磁铁与闭合的导体发生相对运动，笼型导体切割磁感线而在其内部产生感应电动势和感应电流。感应电流又使导体受到一个电磁力的作用，力 f 的方向可用左手定则确定，如图 2-2-10 所示。电磁力作用于转子导体上，对转轴形成电磁转矩，使转子按照旋转磁场的方向旋转起来，转速为 n，这就是异步电动机的旋转原理。转子转动的方向和磁极旋转的方向相同。

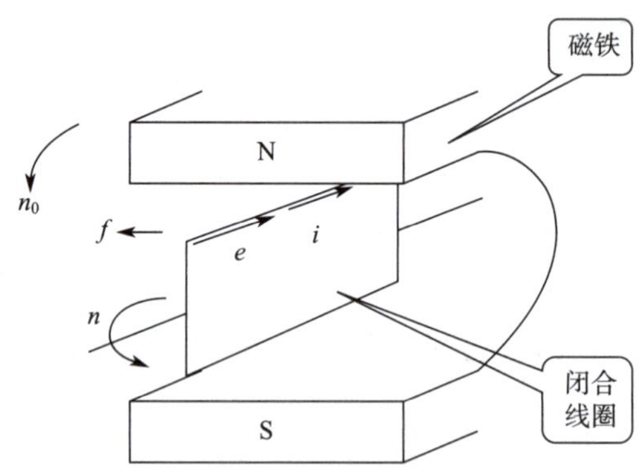

图 2-2-10　磁场旋转原理示意图

图 2-2-11 所示为最简单的三相定子绕组 AX、BY、CZ，它们在空间按互差 120° 的规律对称排列，并接成星形与三相电源相联，从而通过三相对称电流，如图 2-2-12 所示。随着电流在定子绕组中通过，在三相定子绕组中就会产生旋转磁场。

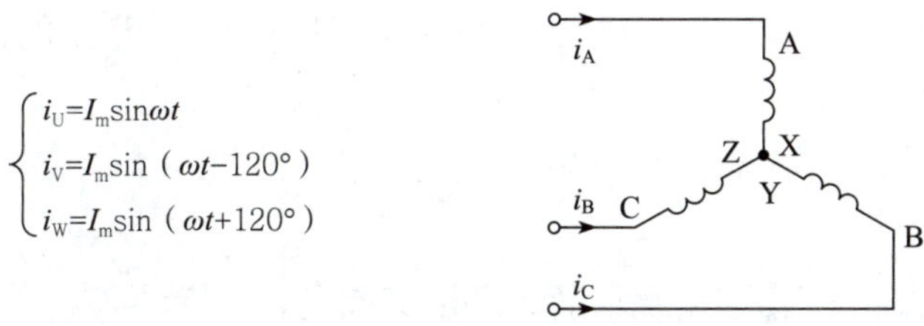

图 2-2-11 三相异步电动机定子接线

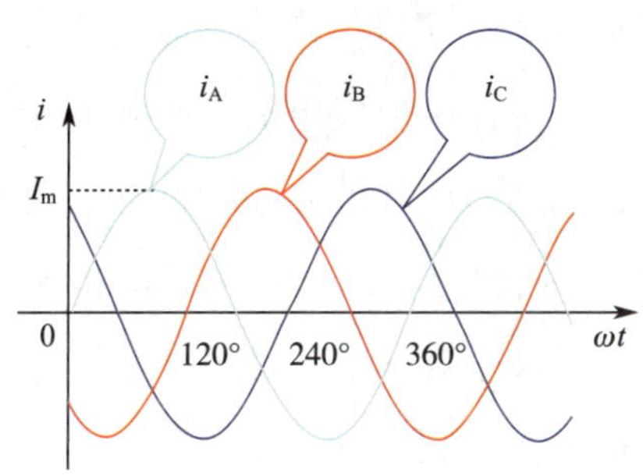

图 2-2-12 三相交流电流随时间变化曲线

当 $\omega t=0°$ 时，$i_A=0$，AX 绕组中无电流；i_B 为负，BY 绕组中的电流从 Y 流入 B 流出；i_C 为正，CZ 绕组中的电流从 C 流入 Z 流出；由右手螺旋定则可得合成磁场的方向如图 2-2-13a 所示。

当 $\omega t=120°$ 时，$i_B=0$，BY 绕组中无电流；i_A 为正，AX 绕组中的电流从 A 流入 X 流出；i_C 为负，CZ 绕组中的电流从 Z 流入 C 流出；由右手螺旋定则可得合成磁场的方向如图 2-2-13b 所示。

当 $\omega t=240°$ 时，$i_C=0$，CZ 绕组中无电流；i_A 为负，AX 绕组中的电流从 X 流入 A 流出；i_B 为正，BY 绕组中的电流从 B 流入 Y 流出；由右手螺旋定则可得合成磁场的方向如图 2-2-13c 所示。

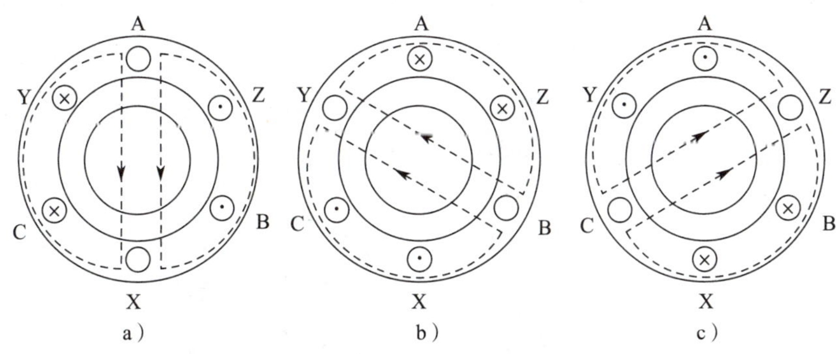

图 2-2-13 旋转磁场的形成

a）$\omega t=0°$ b）$\omega t=120°$ c）$\omega t=240°$

可见，当定子绕组中的电流变化一个周期时，合成磁场也按电流的相序方向在空间旋转一周。随着定子绕组中的三相电流不断地作周期性变化，产生的合成磁场也不断地旋转，因此称为旋转磁场。

2. 转动原理

当交流异步电机的三相定子绕组通入三相交流电后，将产生一个旋转磁场，该旋转磁场切割转子绕组，形成了旋转磁场。定子旋转磁场以速度 n_0 切割转子导体产生感应电动势（方向依右手定则判定），在转子导体中形成电流，使导体受电磁力作用形成电磁转矩，推动转子以转速 n 顺时针方向旋转（方向依左手定则判定），并从轴上输出一定大小的机械功率。根据右手定则，在上半部转子导体的电动势和电流方向由里向外，在下半部则由外向里，如图 2-2-14 所示。

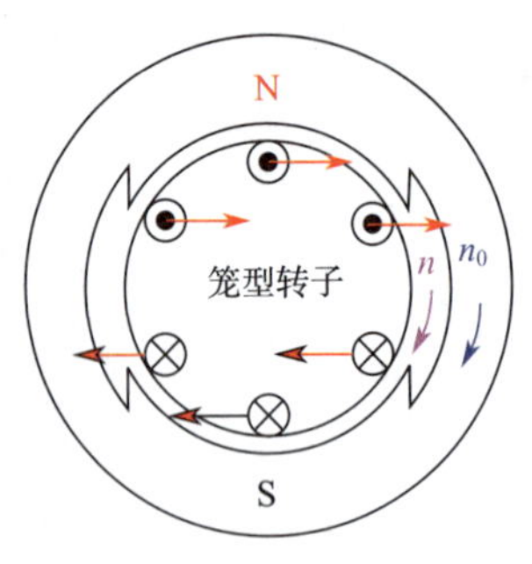

图 2-2-14　异步原理示意图

旋转磁场的方向是由三相绕组中电流相序决定的，若想改变旋转磁场的方向，只要改变通入定子绕组的电流相序，即将三根电源线中的任意两根对调即可。这时，转子的旋转方向也跟着改变。

三相交流异步电机的转子转速 n 始终不会加速到旋转磁场的转速 n_0。因为只有这样，转子绕组与旋转磁场之间才会有相对运动而切割磁感线，转子绕组导体中才能产生感应电动势和电流，从而产生电磁转矩，使转子按照旋转磁场的方向继续旋转。由此可见 $n<n_0$ 是异步电机工作的必要条件，“异步”的名称也由此而来。

旋转磁场的转速 n_0 和电机转子转速 n 之差与旋转磁场的转速之比称为转差率 S。

$$S=\frac{n_0-n}{n_0}\times 100\%$$

三相交流异步电机的极数就是旋转磁场的极数。旋转磁场的极数和三相绕组的安排有关。

当每相绕组只有一个线圈，绕组的始端之间相差 120° 时，产生的旋转磁场具有一对磁极，即 p=1，图 2-2-15 所示为一对磁极示意图。

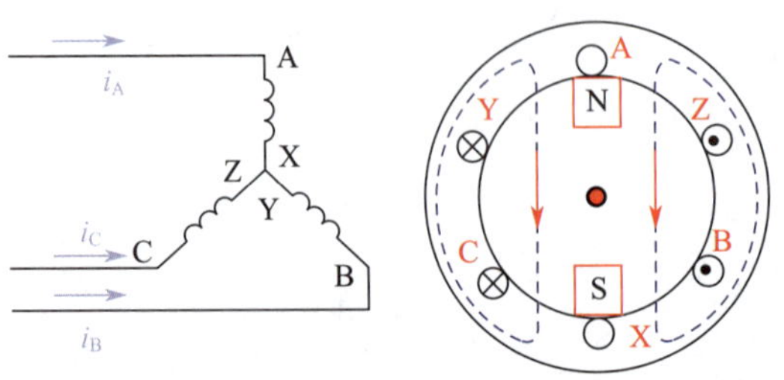

图 2-2-15　一对磁极示意图

当每相绕组为两个线圈串联，绕组的始端之间相差 60° 时，产生的旋转磁场具有两对磁极，即 p=2。图 2-2-16 所示为两对磁极示意图。

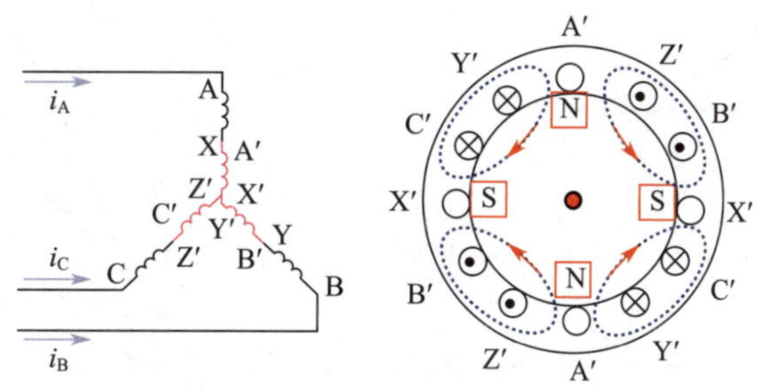

图 2-2-16 两对磁极示意图

同理，如果要产生三磁对极（即 p=3）的旋转磁场，则每相绕组必须有均匀安排在空间的串联的三个线圈，绕组的始端之间相差 40°。极数 p 与绕组的始端之间的角 θ 的关系为：

$$\theta=\frac{120°}{p}$$

三相交流异步电机旋转磁场的转速 n_0 与电动机磁极对数 p 有关，它们的关系是：

$$n_0=\frac{60f_1}{p}$$

由上式可知，旋转磁场的转速 n_0 取决于电流频率 f_1 和磁场的极数 p。对某一三相交流异步电机而言，f_1 和 p 通常是一定的，所以磁场转速 n_0 是一个常数。

3. 工作特性

（1）转矩特性

交流异步电机转轴上产生的电磁转矩是决定电机输出机械功率大小的一个重要指标，也是电机的一个重要性能指标。它是转矩磁场与转子绕组中感应电流相互作用产生的。电机的电磁转矩与转差率之间的关系 $T=f(S)$ 称为电机的转矩特性。交流异步电机转矩特性曲线如图 2-2-17 所示。

当 S 较小时，T 随着 S 的增加而增加，近似成正比，即曲线 OA 段。当 S 较大时，T 随着 S 的增加而降低，近似成反比，即曲线 AB 段。转矩特性曲线由上升变为下降，渐趋近于恒定值。产生电磁转矩最值时的转差率 S_m 称为临界转差率。

（2）工作特性

交流异步电机的工作特性是指电动机在保持额度电压和额定频率不变的情况下，电动机的转速 n、电磁转矩 T、定子电流 I、效率 η 和功率因数 $\cos\varphi$ 随输出功率 P 变化的特性。交流异步电机工作特性曲线如图 2-2-18 所示。

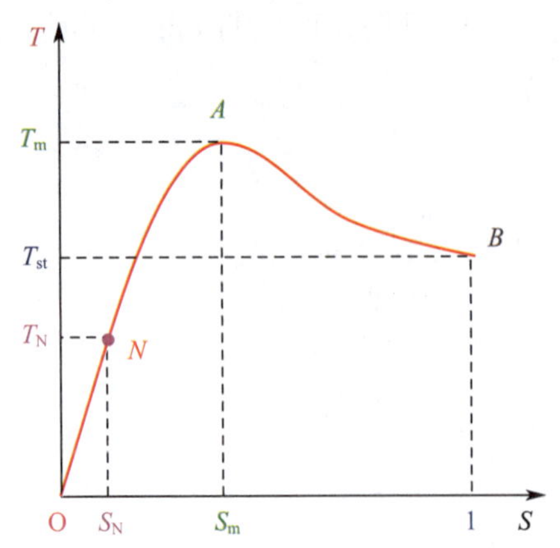

图 2-2-17　交流异步电机转矩特性曲线

T_N—额定转矩　T_{st}—启动转矩　T_m—最大转矩

S_N—在 N 点为额定转矩时的转差率　S_m—临界转差率

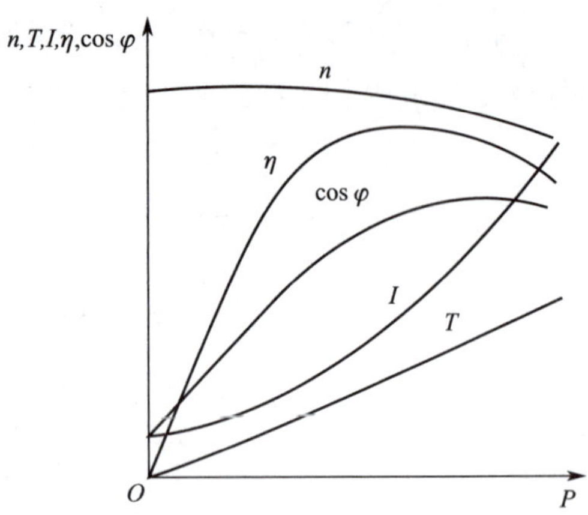

图 2-2-18　交流异步电机工作特性曲线

（3）机械特性

交流异步电机的机械特性是指电机在恒定电压和恒定频率的情况下，转速与转矩之间的关系。机械特性曲线包括交流异步电机的启动转矩、启动过程的最小转矩、最大转矩、额定转矩、同步转速、额定转速等重要技术数据，以及电机转速随转矩变化的情况。交流异步电机的机械特性如图 2-2-19 所示。

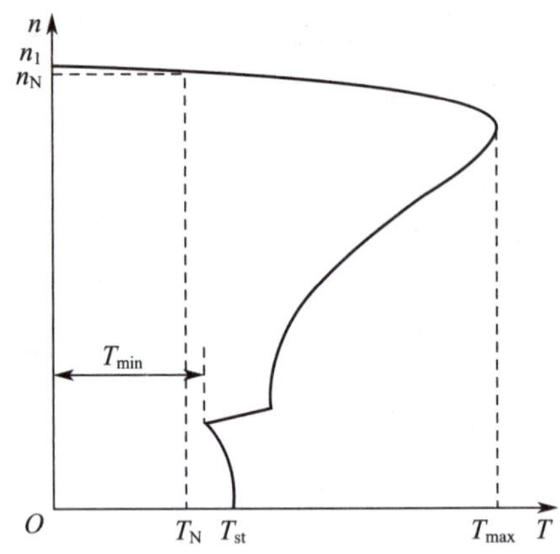

图 2-2-19　交流异步电机机械特性

T_N—额定转矩　T_{st}—异步电动机的启动转矩　T_{min}—启动过程的最小转矩

T_{max}—最大转矩　n_N—额定转速　n_1—同步转速

四、交流异步电机的检测与维修

1. 交流异步电机的常见故障

交流异步电机的故障一般可分为机械故障和电气故障两类。机械故障包括轴承松动变形、机座松动磨损、端盖和铁芯变形及断裂等。电气故障包括绝缘损坏、导体及回路接触不良、定子绕组的短路断路和接线错误等。

下面是交流异步电机常见的故障现象及原因。

（1）故障现象：电机轴承过热

故障可能原因：

1）润滑脂过多或过少；

2）油质不好，含有杂质；

3）轴承与轴颈或端盖配合不当；

4）电机转轴弯曲。

（2）故障现象：电机振动大

故障可能原因：

1）磨损轴承间隙过大；

2）气隙不均匀；

3）转子不平衡；

4）转轴弯曲；

5）定子绕组故障。

（3）故障现象：电机运行声音异常

故障原因：

1）转子与定子绝缘纸或槽楔相擦；

2）轴承磨损或油内有砂粒等异物；

3）轴承缺油；

4）定转子铁芯相擦（扫膛）；

5）电源电压过高或不平衡；

6）轴承卡住。

（4）故障现象：电机过热甚至冒烟

故障原因：

1）定转子铁芯相擦；

2）环境温度高，电机表面污垢多，或通风道堵塞；

3）电机风扇故障，通风不良。

2. 交流异步电机总成的检查

（1）启动前的检查

1）熟记与电机性能有关的数据，如电机额定转速、功率、电压、电流等；

2）确认电机能满足所需要性能要求，如转速、启动电流、电压等；

3）确认进入出线盒的电源线连接可靠，电机外壳处的接地线接触良好；

4）检查电源开关、隔离开关、测量仪表、保护装置等，是否处于正常状态。

（2）启动后检查

1）检查电机的旋转方向；

2）检查电机在启动和加速时有无异常声音和振动；

3）检查启动电流是否正常，电源的电压降是否过大；

4）检查启动时间是否正常；

5）检查启动后的负载电流是否正常（应低于铭牌上标记的额定电流），三相电压电流是否平衡；

6）检查启动装置在启动过程中是否正常。

（3）运行中检查

1）电机的外部紧固件是否松动，电气联结处是否因接触不良而发热变色；

2）详细观察和记录各指示仪表的读数，从中发现是否有异常现象；

3）运行时详细观察电机噪声是否过大，是否有异常噪声存在，电机是否振动，是否有焦味或绝缘漆的臭味等异味，电机温度是否过高。

3. 交流异步电机的拆卸、检查及装配

下面以三相交流异步电机为例介绍拆卸、检查及装配步骤。

（1）拆卸电机

拆卸电机之前，查阅并记录被拆电机的型号、外形和主要技术参数，拆除电机与外部电气连接的连线，做好相位标记，并在端盖、轴、螺钉、接线桩等零件上做好标记。

拆卸电机的一般步骤见表 2-2-1。

表 2-2-1　电机拆卸一般步骤

拆卸步骤	拆卸内容	图片
1	卸下传送带或脱开联轴器的连接销	
2	拆下接线盒内的电源接线和接地线	

续表

拆卸步骤	拆卸内容	图片
3	卸下带轮或联轴器，卸下地脚螺母和垫圈	
4	卸下前轴承外盖和端盖	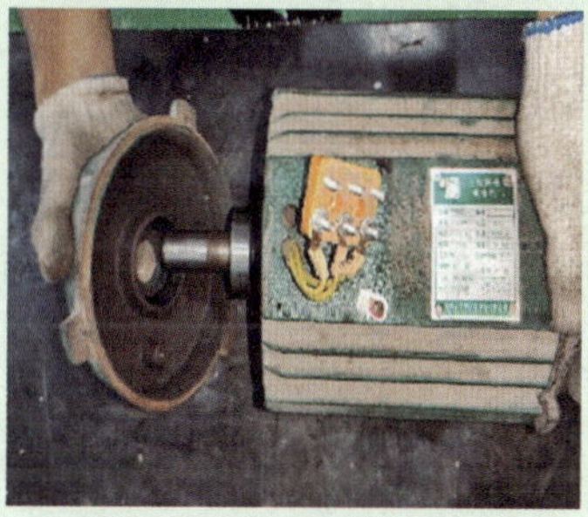
5	拆下风叶罩和风叶	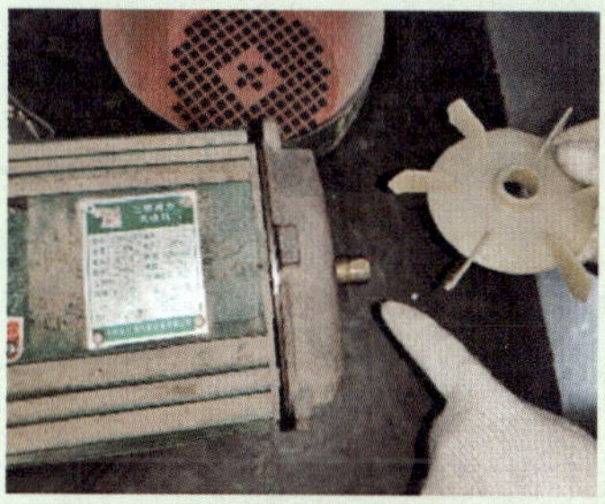
6	卸下后轴承外盖和后端盖	
7	抽出转子	

续表

拆卸步骤	拆卸内容	图片
8	拆下前后轴承及前后轴承的内盖	

（2）定子的检查

三相交流异步电机定子绕组是产生旋转磁场的部分，腐蚀性气体的侵入、机械力和电磁力的冲击，以及绝缘的老化、磨损、过热、受潮等原因，都会影响电机的正常运行。另外，异步电机在运行中长期过载、过压、欠压、断相等，也会引起定子绕组故障。发现定子绕组出现故障时，需更换新的定子总成。

1）定子绕组接地故障的检查方法

①观察法

绕组接地故障经常发生在绕组端部或铁芯槽口部分，而且绝缘常有破裂和烧焦发黑的痕迹。因此拆开电机后，可先在这些地方寻找接地处。

②兆欧表检查法

用兆欧表检查时，应根据被测电机的额定电压来选择兆欧表的等级。500 V 以下的低压电机应选用 500 V 的兆欧表。

2）定子绕组短路故障的检修

定子绕组短路是异步电机中经常发生的故障。绕组短路可分为匝间短路和相间短路，其中相间短路包括相邻线圈短路、极相绕组之间短路和两相绕组之间的短路。主要检查方法有：

①观察法

观察定子绕组有无烧焦或有无浓厚的焦味，可判断绕组有无短路故障。

②万用表（兆欧表）法

将三相绕组的头尾全部拆开，用万用表或兆欧表测量两相绕组间的绝缘电阻，其阻值为零或很低时，即表明两相绕组有短路。

（3）装配电机

1）用压缩空气吹净电机内部灰尘，检查各零部件的完整性，清洗油污等。

2）装配异步电机的步骤与拆卸相反。装配前要检查定子内是否有污物，转子是否转动轻便灵活，线圈绕组阻值，锈蚀是否清除，止口有无损坏，装配时应将各部件按标记复位，并检查轴承盖配合是否合适。

（4）注意事项

1）拆移电机后，电机底座垫片要按原位摆放固定好，以免增加钳工对中的工作量。

2）清洗电机及轴承的清洗剂不准随便乱倒，必须倒入污油井。

3）拆装转子时，一定要遵守要求，不得损伤绕组，拆前、装后均应测试绕组绝缘及绕组通路。

4）装端盖前应使用粗铜丝从轴承装配孔中伸入钩住内轴承盖，以便于装配外轴承盖。

5）拆装时不能用手锤直接敲击零部件，应垫铜棒、铝棒或硬木，对称敲。

6）任务实施全程执行 6S 管理。

思考与练习

1. 交流异步电机主要由哪些部件组成？

2. 简述交流异步电机的异步原理。

3. 查询相关资料，想一想，三相交流异步电机常见故障原因有哪些？

4. 简述三相交流异步电机的拆装步骤。

技能实训 5　交流异步电机的拆装

实训任务		日期		成绩	
学生姓名		学号		班级	

一、实训目的

1. 掌握交流异步电机总成拆装过程的注意事项。

2. 能够规范拆装交流异步电机总成。

二、实训器材

实训工作台、交流异步电机总成、安全防护用品、传统维修工具等。

三、实训内容

1. 小组分工

维修技师		维修工	
安全员		质检员	
解说员		记录员	

2. 交流异步电机拆装流程

查阅相关资料，各组员共同探讨交流异步电机拆装流程及拆装过程中的注意事项，并由本组解说员对拆装流程进行解说，在实训过程中将测量数据或问题情况说明填写在下表中。

步骤	作业内容	注意事项	测量数据或问题情况说明
1			
2			
3			
4			
5			
6			

续表

步骤	作业内容	注意事项	测量数据或问题情况说明
7			
8			
9			
10			
11			

四、质量检查

1. 完工检查

质检员对小组任务完成后的作业现场恢复情况进行质量检查。

2. 教师质量检查

实训指导教师根据学生任务实施过程情况，针对实训过程中出现的问题提出改进措施及建议。

序号	评价项目	出现的问题	改进措施
1	小组成员分组及合作		
2	交流异步电机的拆卸		
3	交流异步电机的检查		
4	交流异步电机的装配		
5	交流异步电机拆装注意事项		
6	竣工验收		
7	6S 管理		
评价结果		□优秀★★★★★ □良好★★★★ □一般★★★ □较差★★	
操作评价			

五、评价反馈

1. 组间互评

各学习小组通过对其他小组任务实施过程进行互评、对比，并记录评价结果。

序号	评价标准	评价结果
1	任务目标制定合理恰当	
2	任务过程表述清晰明确	
3	任务结果符合实际情况	
4	任务计划切实有效执行	
5	任务体会感受情感真实	
综合评价	□优秀★★★★★　□良好★★★★ □一般★★★　□较差★★	

2. 自我评价

小组成员根据自己在课堂中的实际表现进行反思，并在下表中对自己进行客观、如实评价。

自我评价	

3. 教师综合考核

教师对各小组技能实训情况进行综合考核，并完成以下综合考核表。

综合考核表

序号	评分项目	评价内容	评价成绩		备注
			分值	得分	
1	职业素养	服从安排，遵守纪律，遵守实训场所 6S 管理制度	10		
2		团队合作意识强，注重沟通	10		

续表

序号	评分项目	评价内容	评价成绩		备注
			分值	得分	
3	职业素养	学习态度积极主动，能参加实习安排活动	10		
4		能自主学习及相互协作	10		
5		安全意识强，责任意识强	5		
6		仪容仪表符合活动安排	5		
7	专业能力	按时按要求独立完成作业内容	15		
8		操作规范，符合要求	10		
9		按时按要求独立或协作完成操作或展示项目	10		
10		工具设备选择得当，使用符合技术要求	5		
11		学习准备充分	5		
12		注重工作效率与工作质量	5		
总分			100		
本小组评价			教师签名： 年 月 日		

课题三 | 永磁同步电机的检测与维修

学习目标

1. 了解永磁同步电机功能及应用。
2. 能够叙述并识别永磁同步电机的基本结构。
3. 能够对永磁同步电机内部传感器进行检测。
4. 能够规范进行永磁同步电机的更换。

任务描述

某北汽 4S 店驶入一辆北汽电动汽车进行维修，据车主反映该车已行驶了 50 000 km，车辆在行驶过程中底盘前部会传出“咔咔”异响，影响正常行驶，经车间维修人员初步检查并对驱动电机的内部传感器进行检测后，判定异响来自驱动电机。该车驱动电机为永磁同步电机，已发生损坏，需进行更换。

任务分析

该车辆搭载的电机为永磁同步电机，车辆运行过程中驱动电机异响原因主要有驱动电机输出轴花键松旷、驱动电机本体内部元件损坏等引起的机械故障（发出“咔咔”声、“哒哒”声）、表现为电机内部发出刺耳尖锐声音的电磁故障（“磁磁”声）等，如果是机械故障或永磁体发生退磁，需更换驱动电机，更换驱动电机时应严格按照高压操作规范及维修手册进行。

相关理论

一、永磁同步电机的功能及应用

永磁同步电机（permanent magnet synchronous electrical machine，简称 PMSM）具有高效、高控制精度、高转矩密度、转矩平稳性良好及低振动噪声的特点，通过合理设计永磁磁路结构能获得较高的弱磁性能，在电动汽车驱动方面具有很高的应用价值，受到国内外电动汽车界的高度重视，是最具竞争力的电动汽车驱动电机之一。

1. 永磁同步电机的功能

永磁同步电机可分为交流永磁同步电机、直流无刷永磁电机和新型永磁电机（混合式永磁电机、续流增磁永磁电机）三大类，其中前两类应用较为广泛。

交流永磁同步电机是反电动势波形和供电电流波形都是正弦波的交流永磁电机，又称为正弦波永磁同步电机，采用定子磁场定向矢量控制及转子连续位置反馈信号来控制调速或换向。

2. 永磁同步电机的技术参数

以下以两款车型为例，介绍永磁同步电机的主要技术参数。

（1）比亚迪 e5 车型驱动电机

比亚迪 e5 车型采用交流永磁同步电机，是汽车的动力源之一，向外输出转矩，驱动汽车前进或后退，同时也可作为发电机发电（例如在滑行、制动过程中将动能转化为电能存储）。比亚迪 e5 车型驱动电机性能数据见表 2-3-1。

表 2-3-1　比亚迪 e5 车型驱动电机性能数据

项目	性能数据
电机最大输出转矩	310 N · m/（0 ~ 4 929 r/min）/30 s
电机额定转矩	160 N · m/（0 ~ 4 775 r/min）/ 持续
电机最大输入功率	160 kW/（4 929 ~ 12 000 r/min）/30 s
电机额定功率	80 kW/（4 775 ~ 12 000 r/min）/ 持续
电机最大输出转速（包括驱动最高输入转速和随动最高输入转速）	12 000 r/min
电机质量	65 kg
电机散热方式	水冷
电机轴中心与差速器中心的距离	239 mm
螺纹胶型号	赛特 242
密封胶型号	耐油硅酮密封胶 M-1213 型
变速器润滑油量	1.8 L
变速器润滑油类型	齿轮油 SAE80W-90（冬季环境温度低于 -15 ℃地区推荐换用 SAE75W-90）

（2）北汽 EX360 车型驱动电机

北汽 EX360 车型驱动电机采用的是交流永磁同步电机，具有调速范围宽、传动效率高、噪声小、维护费用低等优点。其性能数据见表 2-3-2。

表 2-3-2　北汽 EX360 车型驱动电机性能数据

项目	性能数据
电机类型	永磁同步电机
额定功率	40 kW
额定转矩	116 N · m
基速	3 300 r/min
电机质量	45 kg
防护等级	IP67
电机型号	TZ220XS420
峰值功率	80 kW@332 VDC
峰值转矩	230 N · m
最高转速	9 000 r/min
电机最高效率	96.5%

3. 永磁同步电机应用

目前，我国的新能源汽车多采用永磁同步电机，如东风、奇瑞、长安、一汽和上汽等汽车公司生产的混合动力汽车。永磁同步电机在国外新能源汽车上的应用实例有福克斯纯电动汽车和奥迪 Q5 混合动力汽车等。奥迪 Q5 永磁同步电机的结构如图 2-3-1 所示。

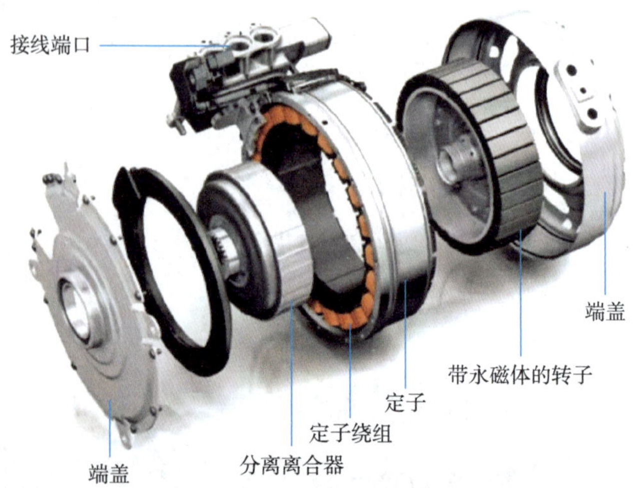

图 2-3-1　奥迪 Q5 永磁同步电机

二、永磁同步电机结构

永磁同步电机主要由定子、转子、旋转变压器（包括电机旋变线圈、旋变信号盘等组件）、温度传感器、电机三相输入电缆、电机壳体总成等组成，其整体结构部件分解如图 2-3-2 所示。

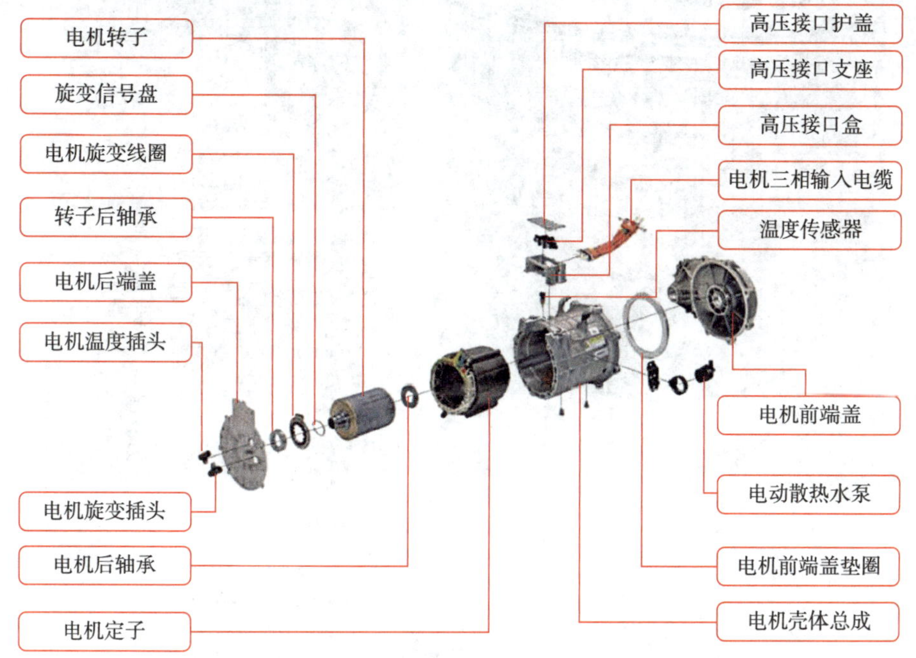

图 2-3-2　永磁同步电机分解图

1. 定子

永磁同步电机的定子由定子铁芯和定子绕组构成。定子铁芯一般采用 0.5 mm 硅钢冲片叠压而成，对于具有高效率指标或频率较高的电机，为了减少铁耗，可以考虑使用 0.35 mm 的低损耗冷轧无取向硅钢片。定子绕组一般制成多相（三、四、五相不等），通常为三相。三相绕组沿定子铁芯对称分布，在空间互差 120° 电角度，通入三相交流电时，产生旋转磁场。

永磁同步电机定子实物如图 2-3-3 所示。

2. 转子

转子主要由永磁体、转子铁芯和转轴等构成。其中永磁体主要采用铁氧体永磁和钕铁硼永磁材料；转子铁芯可根据磁极结构的不同，选用实心钢，或采用钢板或硅钢片冲制后叠压而成。转子上安装有永磁体磁极，永磁体磁极外凸镶嵌在转子铁芯外侧，组成若干对磁极。一块永磁体有一个 N 极和一个 S 极。永磁同步电机结构示意图如图 2-3-4

所示。永磁同步电机转子实物如图 2-3-5 所示。图 2-3-6 所示为永磁同步电机转子剖面图。

图 2-3-3　永磁同步电机定子实物

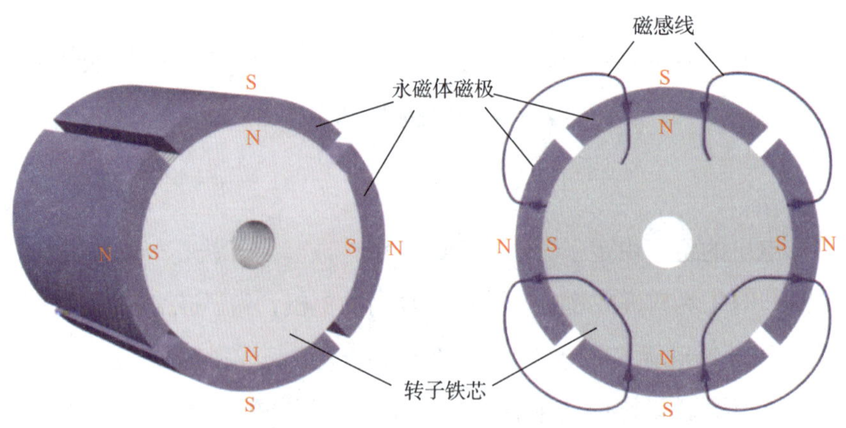

图 2-3-4　永磁同步电机结构示意图

图 2-3-5　永磁同步电机转子实物

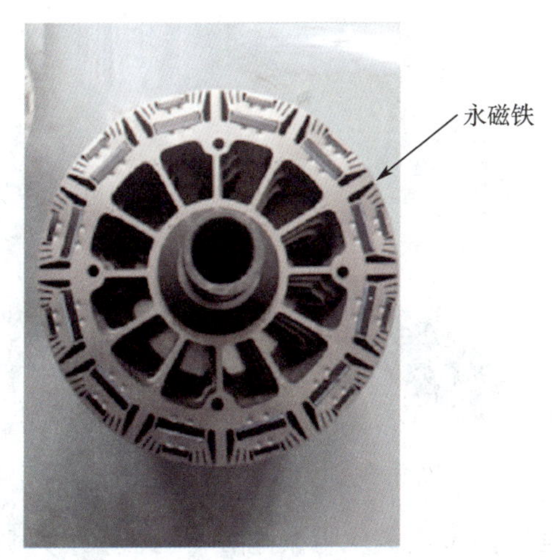

图 2-3-6　永磁同步电机转子剖面图

3. 电机传感器

永磁同步电机依靠内置传感器来提供电机的工作信息，这些传感器主要有检测电机转速的旋转变压器和电机温度传感器。

（1）旋转变压器

旋转变压器也称旋变传感器，简称旋变，是一种电磁式传感器。它是一种测量角度用的小型交流电机，在驱动电机系统中可用于获取电机转子的位置信号（即角位移），由控制器解码后可获知电机转速。旋转变压器的种类较多，目前车用驱动电机多采用磁阻式旋转变压器，其转子采取多极形状，定子槽内的线圈绕组由励磁、正弦、余弦三组线圈组成。旋转变压器的结构如图 2-3-7 所示，实物如图 2-3-8 所示。

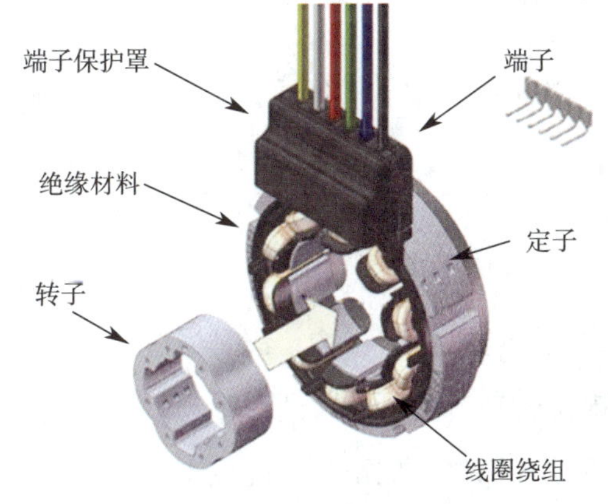

图 2-3-7　旋转变压器的结构

图 2-3-8　旋转变压器实物图

（2）电机温度传感器

电机温度传感器的作用是检测电机定子绕组的温度，并提供散热风扇启动的信号。图 2-3-9 所示为某车型电机温度传感器。

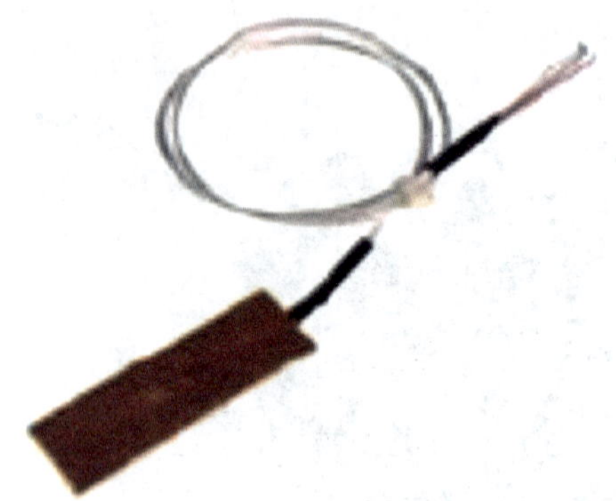

图 2-3-9　电机温度传感器

电机温度传感器最常用的是热敏电阻，图 2-3-10 所示为 PT1000 型热敏电阻阻值随温度的变化曲线。

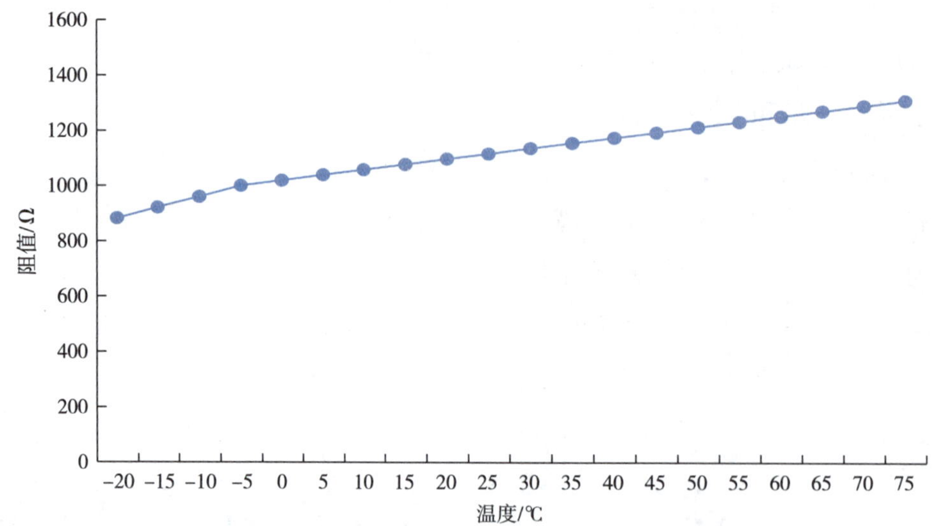

图 2-3-10　PT1000 型热敏电阻阻值随温度变化曲线

三、永磁同步电机的工作原理和特性

1. 永磁同步电机的工作原理

从基本原理上讲，永磁同步电机与电励磁同步电机是一样的，都是通过定转子磁动势相互作用，并保持相对静止来获得恒定的电磁转矩来运行的，两者唯一的区别是永磁同步电机用永磁体励磁来代替电励磁，使电机结构简化，加工和装配成本降低，且省去了励磁绕组、电刷和集电环，提高了电机运行的可靠性。永磁同步电机采用正弦交流及无电刷结构，其工作原理如图 2-3-11 所示。

在电机的定子绕组中通入三相交流电流，产生旋转磁场，当定子产生的旋转磁场以转速 n_1 按图示方向旋转时，如果此时定子磁动势与转子磁动势的方向一致，则不产生转矩，如果方向不一致，则产生的异步转矩与定子磁场和永久磁场所产生的同步转矩共同作用，将转子牵入同步，定子旋转磁场最终会与转子永磁极紧紧吸引，带转子一起旋转。此时，转子在旋转磁场的拖动下旋转，与定子磁场保持同步转速 n_1。若转子上的负载转矩增加，转子磁极轴线与定子磁极轴线之间的夹角 δ 就会增大，反之，δ 就会减小，但是只要负载保持在一定限度内，转子就始终跟随定子旋转磁场以同步转速旋转。对于同步电机，当其负载在一定范围内改变时，只要保持电源频率不变，转速就是恒定不变的。当电机极对数为 p 时，转子转速 n 与定子电流频率 f 之间满足以下关系式：

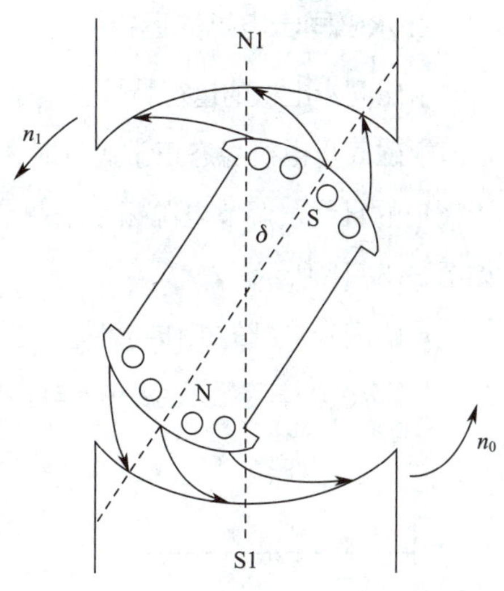

图 2-3-11　永磁同步电机的工作原理图

$$n=n_1=\frac{60f}{p}$$

当负载转矩超出一定限度时，转子转速就会降低甚至下降到零，导致转子不能再以同步转速运行，这就是同步电机的“失步”现象。该最大转矩限值称为最大同步转矩，因此，要保证电机正常工作，就要使电机的负载转矩不能大于最大同步转矩。

在驱动电机（以北汽 C33DB 型电机为例）系统中，驱动电机控制器输出频率和幅值可变的 U、V、W 三相交流电至电机形成旋转磁场，电机通过位置传感器将电机转子当前的位置发送给驱动电机控制器，以供其进行参考控制。驱动电机系统连接示意图如图 2-3-12 所示。

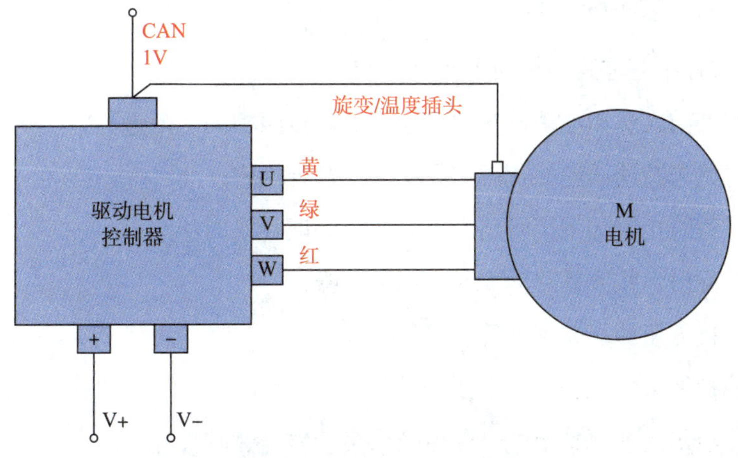

图 2-3-12　驱动电机系统连接示意图

2. 永磁同步电机的运行特性

永磁同步电机的运行特性主要是机械特性和工作特性。

永磁同步电机稳态正常运行时，转速始终保持同步不变，因此，其机械特性为平行于横轴的直线，调节电源频率来调节电动机转速时，转速将严格地与频率成正比变化，如图 2-3-13 所示。

永磁同步电机的工作特性是指当电源电压恒定时，电动机的输入功率 P_1、电枢电流 I_1、效率 η、功率因数 $\cos\varphi$ 等随输出功率变化的关系如图 2-3-14 所示。

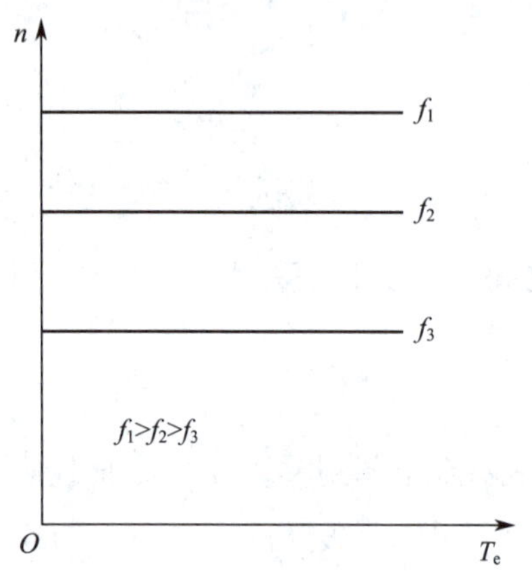

图 2-3-13　永磁同步电机的机械特性

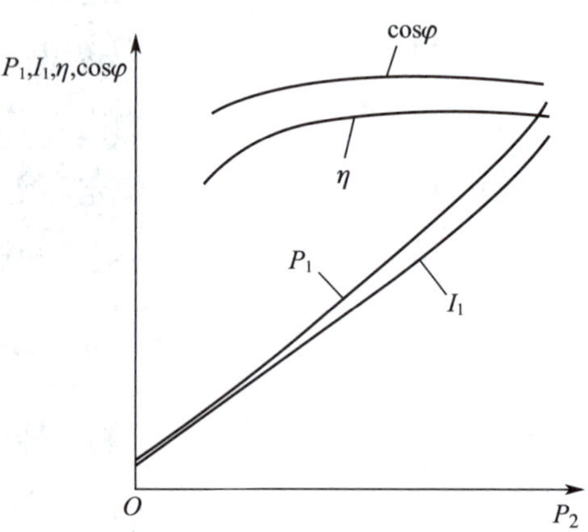

图 2-3-14　永磁同步电机的工作特性

可以看出，在正常工作范围内，永磁同步电机的功率因数比较平稳，效率特性也能保持较高的水平。电机的输入功率和电枢电流近似与输出功率成正比。

四、永磁同步电机的检测与维修

1. 驱动电机检修注意事项

（1）检修过程中应注意的事项主要有：

1）作业实施前人员和电动汽车的安全防护应按照相关规范进行；

2）驱动电机与减速器连接花键润滑脂加注符合规定；

3）装配过程防止冷却系统管路进入异物，保证管路内清洁；

4）管路装配时，按照管路两端对齐标记装配；

5）管路连接无扭曲、无干涉等；

6）冷却液按要求加注；

7）未加注冷却液前严禁上电，以免因水泵运转导致其损坏。

（2）完成驱动电机安装作业后，应注意进行相应检查，确保符合以下要求：

1）驱动电机冷却管路无渗漏、弯折等异常现象；

2）机械连接部件牢靠；

3）各线束及插接件连接正确，插接件连接可靠；

4）检测各高压部件绝缘良好；

5）车辆行驶功能正常。

2. 旋转变压器的检测

下面以北汽 EX360 车型为例进行介绍，其旋转变压器电路如图 2-3-15 所示。

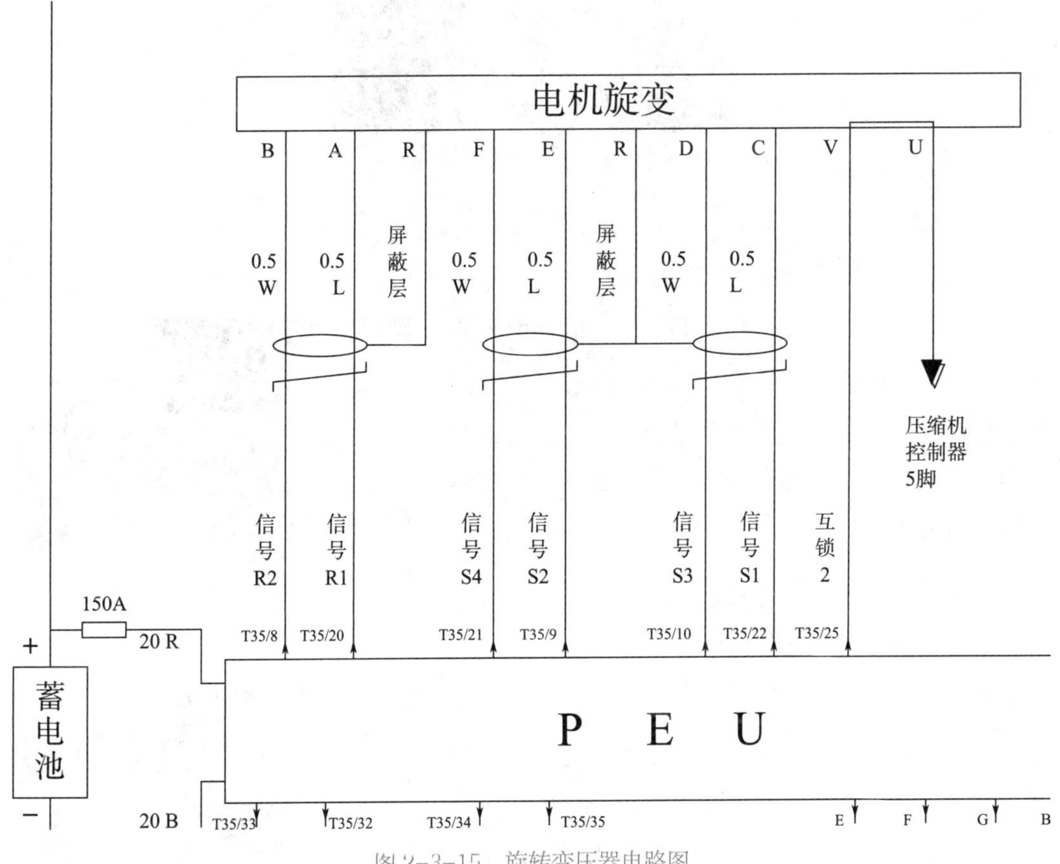

图 2-3-15 旋转变压器电路图

（1）检测旋变励磁绕组

测量项目：旋变励磁绕组的阻值。

测量方法：拔下 PEU35 针插件，用万用表测量 35 针插件端子的 8 号和 20 号端子之间的电阻值，如图 2-3-16 所示。测量值如果在 16～21 Ω 之间，绕组正常，如为无穷大或电阻为零则可能线束端子存在退针现象。

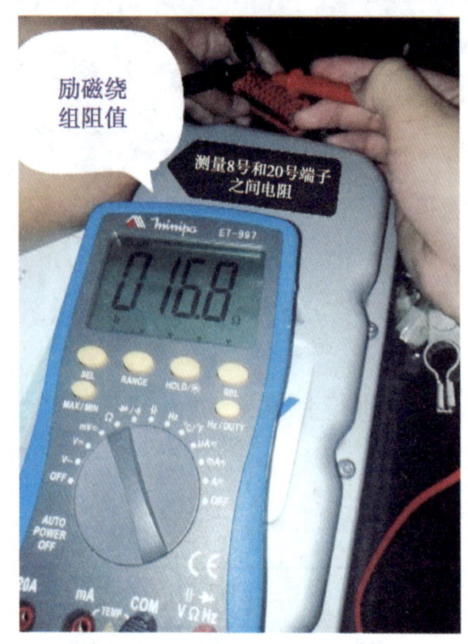

图 2-3-16　检测励磁绕组的阻值

（2）检测旋变正弦绕组

测量项目：旋变正弦绕组的阻值。

测量方法：拔下 PEU35 针插件，用万用表测量 35 针插件端子的 9 号和 21 号端子之间的电阻值，如图 2-3-17 所示。测量值如果在 38～59 Ω 之间，绕组正常，如为无穷大则可能为线束端子存在退针现象。

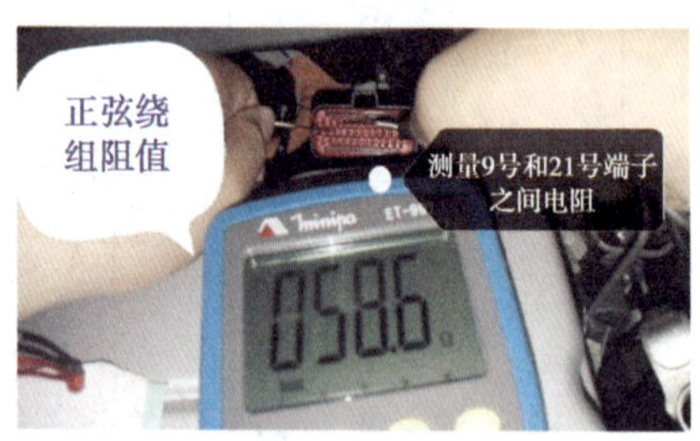

图 2-3-17　检测正弦绕组的阻值

（3）检测旋变余弦绕组

测量项目：旋变余弦绕组的阻值。

测量方法：拔下 PEU35 针插件，用万用表测量 35 针插件端子的 10 号和 22 号端子之间的电阻值，如图 2-3-18 所示。测量值如果在 37～48 Ω 之间，绕组正常，如为无穷大则可能为线束端子存在退针现象。

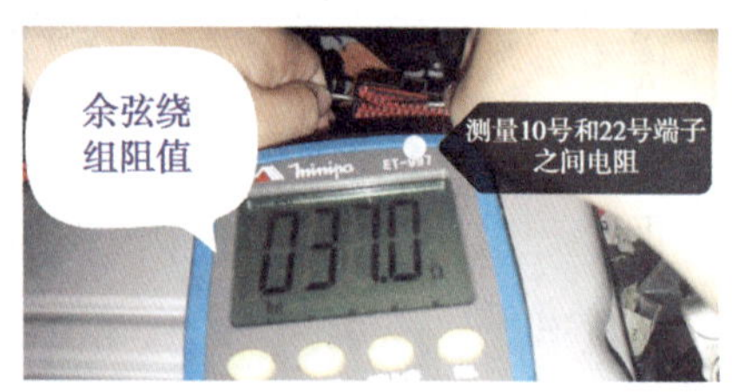

图 2-3-18　检测余弦绕组的阻值

3. 温度传感器的检测

下面以北汽 EX360 车型为例进行介绍，其温度传感器电路如图 2-3-19 所示。

测量项目：温度传感器阻值。

测量方法：拔下旋转变压器插件，用万用表测量电机端插件的 G 脚和 H 脚、J 脚和 K 脚的端子间的电阻值，如图 2-3-20、图 2-3-21 所示。在 25 ℃时，测量值在

1 097 Ω 左右（该温度传感器的温度每升高 5 ℃，其电阻增加约 20 Ω）为正常，如为无穷大则可能为线束端子存在退针现象。

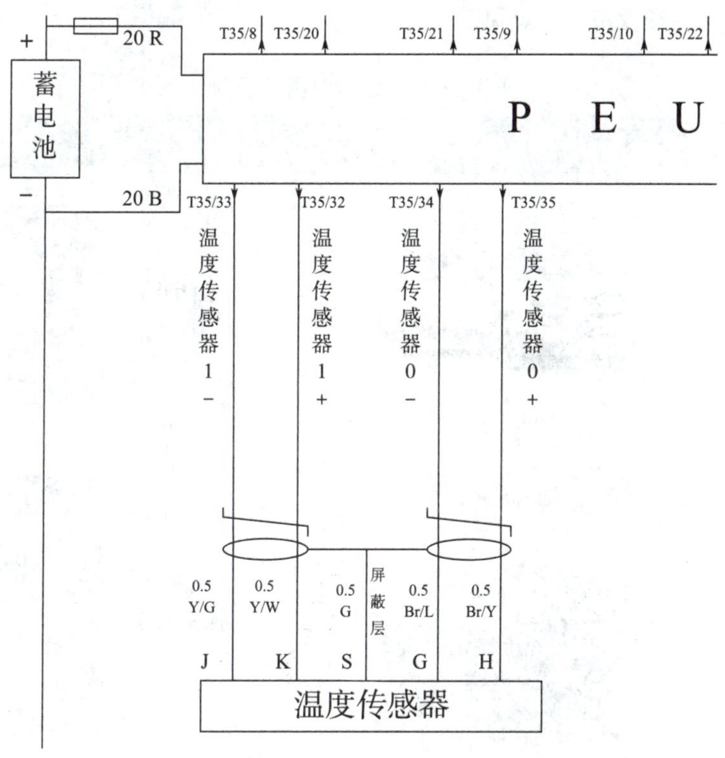

图 2-3-19 温度传感器电路图

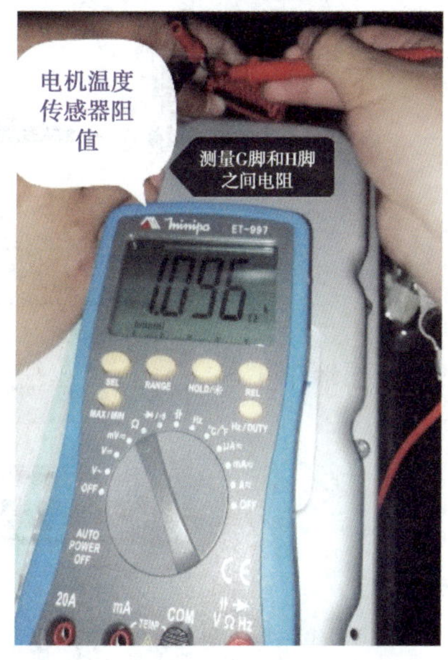

图 2-3-20 检测 G 脚和 H 脚阻值

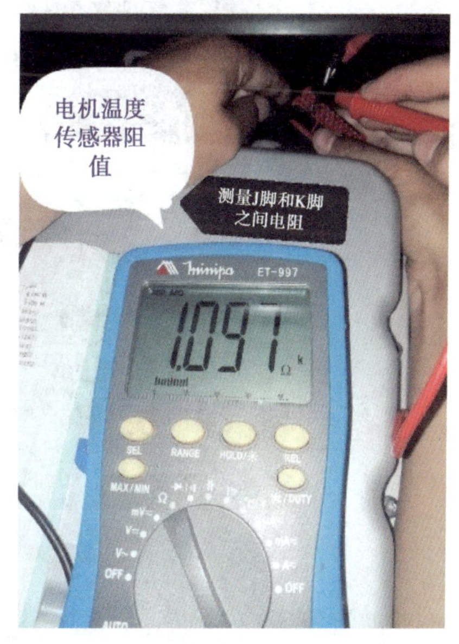

图 2-3-21 检测 J 脚和 K 脚阻值

4. 驱动电机的更换

（1）设备、工具准备

所需主要的维修设备、工具见表 2-3-3。

表 2-3-3　所需主要的维修设备、工具

序号	设备名称	图片参考	序号	设备名称	图片参考
1	北汽 EX360 型纯电动汽车		5	安全防护用品	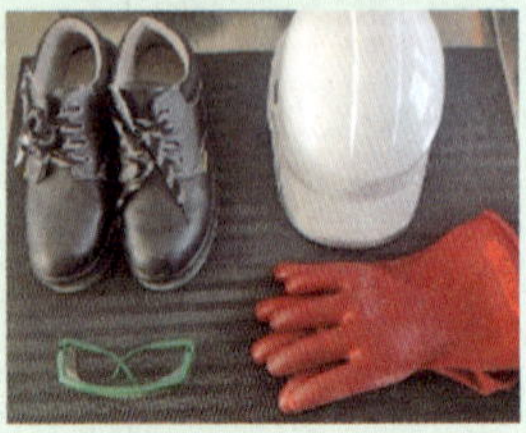
2	液压千斤顶	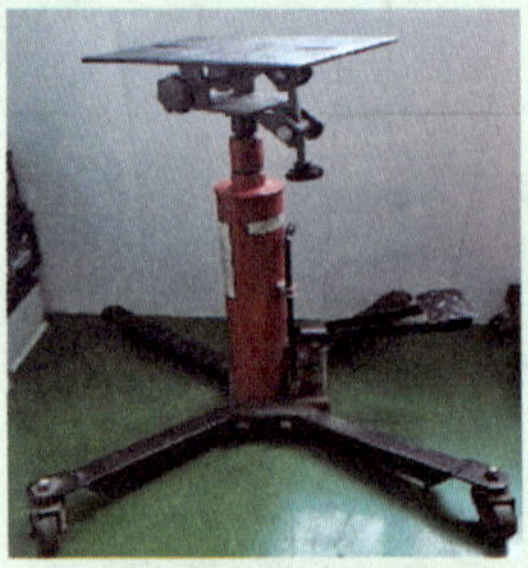	6	冷却液收集装置	
3	绝缘维修工具	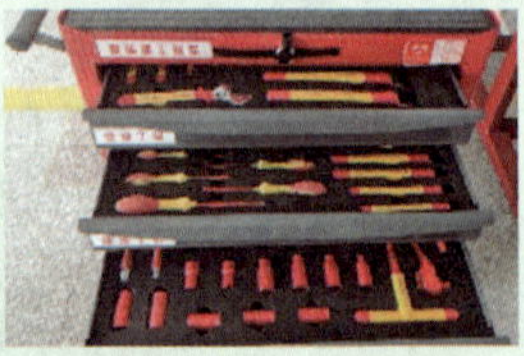	7	专用诊断仪	
4	传统维修工具		8	举升机	

（2）作业前流程

驱动电机更换作业前准备流程见表 2-3-4。

表 2-3-4　驱动电机更换作业前准备流程

序号	步骤实施	图片参考	序号	步骤实施	图片参考
1	设置安全隔离，并放置安全警示牌		5	完成车辆外部防护	
2	检查并穿戴安全防护用具		6	检查举升机	
3	检查并调校仪器设备		7	检查液压千斤顶	
4	检查维修工具	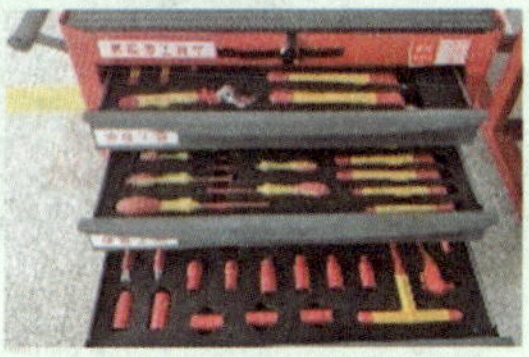	8	检查绝缘垫对地绝缘性能	

（3）更换驱动电机

驱动电机更换流程见表 2-3-5。

表 2-3-5　驱动电机更换流程

实施步骤	实施内容	图片参考
1	关闭点火开关及所有用电器，拔下钥匙并妥善保管	
2	打开车辆前舱，断开辅助低压蓄电池负极线缆，并做好负极隔离	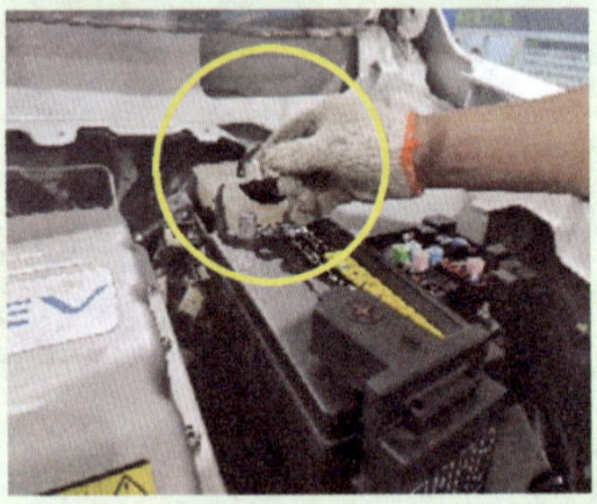
3	使用举升机将车辆举升到合适高度，锁止举升机安全销	
4	拆下车底前舱护板	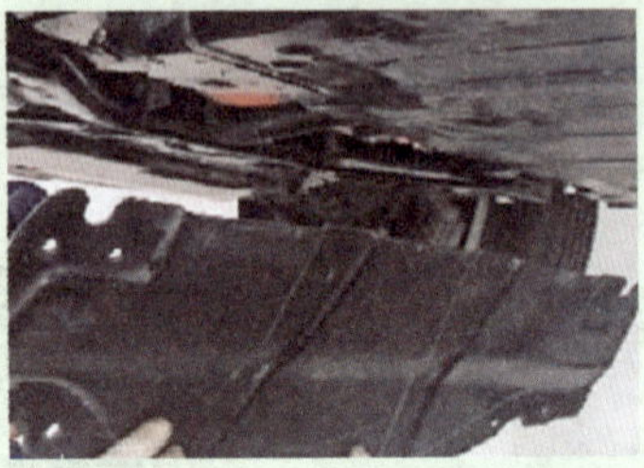
5	规范拆卸真空泵，脱开真空管与真空泵总成连接，脱开真空泵电源线束，旋出固定螺栓，从减速器上取下真空泵支架及真空泵总成	
6	拆卸左、右半轴	

续表

实施步骤	实施内容	图片参考
7	断开空调压缩机高、低压插接件	
8	规范拆卸前舱内集成控制器（PEU）端电机 U、V、W 三相高压线束插头与 MCU 的连接，做好防护	
9	断开驱动电机旋变插件并固定，防止操作中损坏插件	
10	松开驱动电机冷却水管卡箍，脱开水管	
11	排出并收集冷却系统内的冷却液	
12	拆下压缩机固定螺栓，取下压缩机，并将压缩机固定至车身合适位置	

续表

实施步骤	实施内容	图片参考
13	拆卸电机右悬置支架与电机间连接的固定螺栓	
14	拆卸电机后悬置支架和电机左旋置支架	
15	使用液压千斤顶将动力总成落下，完成驱动电机拆卸工作	
16	拆卸驱动电机与减速器的固定螺栓，将驱动电机与减速器分开	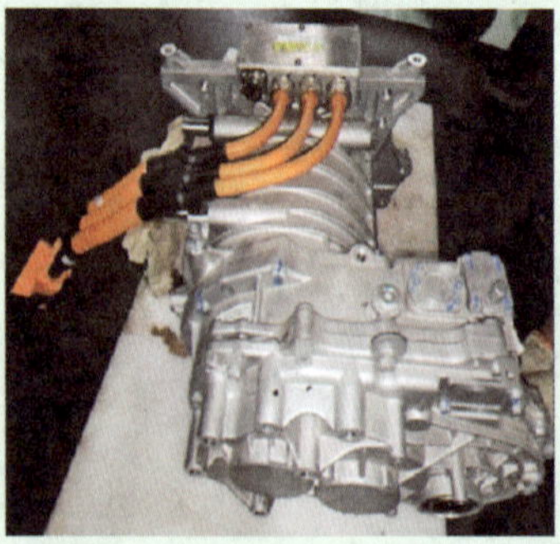
17	将待安装的驱动电机按照与拆卸步骤相反的顺序进行安装	
18	作业完成后进行驱动电机功能验证	

思考与练习

1. 永磁同步电机主要由哪些部件组成?
2. 简述永磁同步电机工作原理。
3. 简述永磁同步电机就车更换流程。
4. 永磁同步电机更换有哪些注意事项?
5. 简述旋转变压器的作用及工作原理。
6. 简述温度传感器的作用及工作原理。
7. 如何对旋转变压器进行检测?
8. 如何对温度传感器进行检测?

技能实训 6　旋转变压器的检测

实训任务		日期		成绩	
学生姓名		学号		班级	

一、实训目的

1. 能够正确识读维修手册及电路图。

2. 能够完成旋转变压器的检测作业。

二、实训器材

实训工作台、北汽纯电动汽车、万用表、绝缘维修工具、安全防护用品、专用诊断仪、维修手册等。

三、实训内容

1. 小组分工

维修技师		维修工	
安全员		质检员	
解说员		记录员	

2. 旋转变压器的检测

查阅维修手册等相关资料，各组员共同探讨驱动电机旋转变压器的检测方法，并由本组解说员对测量方法进行解说，在实训过程中将操作步骤及注意事项填写在下表中。

操作步骤	操作内容	测量结果及判定	注意事项
1			
2			
3			
4			
5			

四、质量检查

1. 完工检查

质检员对小组任务完成后的作业现场恢复情况进行质量检查。

2. 教师质量检查

实训指导教师根据学生任务实施过程情况，针对实训过程中出现的问题提出改进措施及建议。

序号	评价项目	出现的问题	改进措施
1	小组成员分组及合作		
2	旋转变压器检测作业前准备		
3	规范拔下旋转变压器插件		
4	正确测量旋变励磁绕组的阻值		
5	正确测量旋变正弦绕组的阻值		
6	正确测量旋变余弦绕组的阻值		
7	实训注意事项		
8	车辆完工后的质量检查		
9	6S 管理		
评价结果		□优秀★★★★★ □良好★★★★ □一般★★★ □较差★★	
操作评价			

五、评价反馈

1. 组间互评

各学习小组通过对其他小组任务实施过程进行互评、对比，并记录评价结果。

序号	评价标准	评价结果
1	任务目标制定合理恰当	
2	任务过程表述清晰明确	
3	任务结果符合实际情况	
4	任务计划切实有效执行	
5	任务体会感受情感真实	
综合评价	□优秀★★★★★　□良好★★★★ □一般★★★　□较差★★	

2. 自我评价

小组成员根据自己在课堂中的实际表现进行反思，并在下表中对自己进行客观、如实评价。

自我评价	

3. 教师综合考核

教师对各小组技能实训情况进行综合考核，并完成以下综合考核表。

综合考核表

序号	评分项目	评价内容	评价成绩		备注
			分值	得分	
1	职业素养	服从安排，遵守纪律，遵守实训场所6S管理制度	10		
2		团队合作意识强，注重沟通	10		
3		学习态度积极主动，能参加实习安排活动	10		
4		能自主学习及相互协作	10		
5		安全意识强，责任意识强	5		
6		仪容仪表符合活动安排	5		

续表

序号	评分项目	评价内容	评价成绩		备注
			分值	得分	
7	专业能力	按时按要求独立完成作业内容	15		
8		操作规范，符合要求	10		
9		按时按要求独立或协作完成操作或展示项目	10		
10		工具设备选择得当，使用符合技术要求	5		
11		学习准备充分	5		
12		注重工作效率与工作质量	5		
总分			100		
本小组评价			教师签名： 年 月 日		

技能实训 7　温度传感器的检测

实训任务		日期		成绩	
学生姓名		学号		班级	

一、实训目的

1. 能够正确识读维修手册及电路图。

2. 能够完成温度传感器的检测作业。

二、实训器材

实训工作台、北汽纯电动汽车、万用表、绝缘维修工具、安全防护用品、专用诊断仪、维修手册等。

三、实训内容

1. 小组分工

维修技师		维修工	
安全员		质检员	
解说员		记录员	

2. 温度传感器的检测

查阅维修手册等相关资料，各组员共同探讨驱动电机温度传感器的检测方法，并由本组解说员对测量方法进行解说，在实训过程中将操作步骤及注意事项填写在下表中。

操作步骤	操作内容	测量结果及判定	注意事项
1			
2			
3			
4			
5			

四、质量检查

1. 完工检查

质检员对小组任务完成后的作业现场恢复情况进行质量检查。

2. 教师质量检查

实训指导教师根据学生任务实施过程情况，针对实训过程中出现的问题提出改进措施及建议。

序号	评价项目	出现的问题	改进措施
1	小组成员分组及合作		
2	温度传感器检测作业前准备		
3	规范拔下旋转变压器插件		
4	用万用表测量电机端插件温度传感器电阻值		
5	实训注意事项		
6	车辆完工后的质量检查		
7	6S 管理		
评价结果		□优秀★★★★★ □良好★★★★ □一般★★★ □较差★★	
操作评价			

五、评价反馈

1. 组间互评

各学习小组通过对其他小组任务实施过程进行互评、对比，并记录评价结果。

序号	评价标准	评价结果
1	任务目标制定合理恰当	
2	任务过程表述清晰明确	
3	任务结果符合实际情况	

续表

序号	评价标准	评价结果
4	任务计划切实有效执行	
5	任务体会感受情感真实	
综合评价	□优秀★★★★★　□良好★★★★ □一般★★★　□较差★★	

2. 自我评价

小组成员根据自己在课堂中的实际表现进行反思，并在下表中对自己进行客观、如实评价。

自我评价	

3. 教师综合考核

教师对各小组技能实训情况进行综合考核，并完成以下综合考核表。

综合考核表

序号	评分项目	评价内容	评价成绩		备注
			分值	得分	
1	职业素养	服从安排，遵守纪律，遵守实训场所 6S 管理制度	10		
2		团队合作意识强，注重沟通	10		
3		学习态度积极主动，能参加实习安排活动	10		
4		能自主学习及相互协作	10		
5		安全意识强，责任意识强	5		
6		仪容仪表符合活动安排	5		

续表

序号	评分项目	评价内容	评价成绩		备注
			分值	得分	
7	专业能力	按时按要求独立完成作业内容	15		
8		操作规范，符合要求	10		
9		按时按要求独立或协作完成操作或展示项目	10		
10		工具设备选择得当，使用符合技术要求	5		
11		学习准备充分	5		
12		注重工作效率与工作质量	5		
总分			100		
本小组评价			教师签名： 年 月 日		

技能实训 8　驱动电机的更换

实训任务		日期		成绩	
学生姓名		学号		班级	

一、实训目的

1. 掌握驱动电机更换作业前准备流程。

2. 能够规范进行驱动电机更换作业。

二、实训器材

实训工作台、北汽纯电动汽车、液压千斤顶、绝缘维修工具、传统维修工具、安全防护用品、冷却液收集装置、专用诊断仪、举升机、维修手册等。

三、实训内容

1. 小组分工

维修技师		维修工	
安全员		质检员	
解说员		记录员	

2. 驱动电机的更换流程

查阅相关资料，各组员共同探讨驱动电机更换作业前准备及更换流程，并由本组解说员对更换流程进行解说，在实训过程中将驱动电机更换操作步骤及注意事项填写在下表中。

操作步骤	操作内容	注意事项
1		
2		
3		
4		
5		

续表

操作步骤	操作内容	注意事项
6		
7		
8		
9		
10		
11		
12		
13		
14		
15		
16		
17		
18		

四、质量检查

1. 完工检查

质检员对小组任务完成后的作业现场恢复情况进行质量检查。

2. 教师质量检查

实训指导教师根据学生任务实施过程情况，针对实训过程中出现的问题提出改进措施及建议。

序号	评价项目	出现的问题	改进措施
1	小组成员分组及合作		
2	驱动电机更换作业前准备		
3	驱动电机的拆卸		
4	驱动电机的安装		
5	驱动电机的更换注意事项		

续表

序号	评价项目	出现的问题	改进措施
6	车辆完工后的质量检查		
7	6S 管理		
评价结果		□优秀★★★★★　□良好★★★★ □一般★★★　□较差★★	
操作评价			

五、评价反馈

1. 组间互评

各学习小组通过对其他小组任务实施过程进行互评、对比，并记录评价结果。

序号	评价标准	评价结果
1	任务目标制定合理恰当	
2	任务过程表述清晰明确	
3	任务结果符合实际情况	
4	任务计划切实有效执行	
5	任务体会感受情感真实	
综合评价	□优秀★★★★★　□良好★★★★ □一般★★★　□较差★★	

2. 自我评价

小组成员根据自己在课堂中的实际表现进行反思，并在下表中对自己进行客观、如实评价。

自我评价	

（3）教师综合考核

教师对各小组技能实训情况进行综合考核，并完成以下综合考核表。

综合考核表

序号	评分项目	评价内容	评价成绩		备注
			分值	得分	
1	职业素养	服从安排，遵守纪律，遵守实训场所6S管理制度	10		
2		团队合作意识，注重沟通	10		
3		学习态度积极主动，能参加实习安排活动	10		
4		能自主学习及相互协作	10		
5		安全意识，责任意识	5		
6		仪容仪表符合活动安排	5		
7	专业能力	按时按要求独立完成作业内容	15		
8		操作规范，符合要求	10		
9		按时按要求独立或协作完成操作或展示项目	10		
10		工具设备选择得当，使用符合技术要求	5		
11		学习准备充分	5		
12		注重工作效率与工作质量	5		
总分			100		
本小组评价			教师签名： 年 月 日		

worldskills 世赛知识

世界技能大赛竞赛形式和奖项设置

1. 世界技能大赛的竞赛形式

世界技能大赛既是一种国际技能交流的赛事，也是一种开放式和展示性的活动。每届世界技能大赛都会在公共会展场馆举行，面向社会公众全程开放，而且赛场上还会设置各种各样的观众体验和互动活动，公众除了参观，还可以体验技能操作，或作为志愿者参与到项目竞赛中（美容、美发、餐厅服务等项目竞赛中所服务的部分对象是现场招募的）。

具体来说，世界技能大赛的竞赛形式呈现出以下特点：

（1）来自各个国家（地区）的观众可以进入竞赛场馆，近距离参观选手的竞赛过程。

（2）各项目的比赛区域周围只有一圈约 1 m 高的围栏，观众可以站在围栏外面看到竞赛选手的每一个动作。

（3）赛场设有“技能表演区”和“互动体验区”，参观者可以亲身体验技能操作。

（4）大赛前夕，主办方通常会开展大量推广宣传活动，吸引职业院校、中小学生及其家长、社会各方人士入场观摩。

中小学生往往是赛场观众中最为活跃的群体，一方面，他们可以看到各种各样先进的、新奇的技能；另一方面，通过尝试和体验，他们能不知不觉地发现自己的兴趣。

这正是世界技能大赛主办方所希望看到的，他们希望孩子们在亲身体验各种职业技能之后，能够对技能学习产生兴趣，认识到未来不只有考大学一条路。

2. 世界技能大赛的奖项设置

在世界技能大赛所有正式项目中排名第一、第二、第三的选手，原则上获得金牌、银牌、铜牌。

在世界技能大赛上，金牌、银牌或铜牌的获得者在很多时候不是唯一的，如果两名（组）及两名（组）以上选手最终得分的分差小于 2 分，大赛允许以下列方式并列获奖：

- 两枚金牌，无银牌，一枚或一枚以上铜牌。
- 三枚及三枚以上金牌，无银牌。此外，若最后一名（组）金牌选手与后一名（组）选手分差不超过 2 分，可颁发一枚或一枚以上铜牌。
- 一枚金牌，两枚或两枚以上银牌。此外，若最后一名（组）银牌选手与后一名

（组）选手分差不超过 2 分，可颁发一枚或一枚以上铜牌。

- 一枚金牌、一枚银牌、两枚或两枚以上铜牌。

除金牌、银牌、铜牌之外，每个竞赛项目还会在选手中评选出优胜奖获得者。优胜奖通常由多名（组）选手获得，选手得分达到或超过 700 分但未获奖牌者可获得优胜奖。另外，世界技能大赛还设置了“国家（地区）最优选手”“阿尔伯特·维达大奖”等奖项。

通常，每个参赛国家或地区参赛选手中得分最高或获最高奖牌且获本国（本地区）技术代表提名者将被授予“国家（地区）最优选手”奖项。在第 44 届世界技能大赛上，我国数控铣项目选手杨登辉获此殊荣。

阿尔伯特·维达大奖是以世界技能组织创始人阿尔伯特·维达先生的名字命名的奖项，该奖项用于奖励每一届世界技能大赛获得所有参赛项目最高分的选手。在第 44 届世界技能大赛上，我国工业机械装调项目选手、江苏省常州技师学院学生宋彪荣膺此奖项。

世界技能大赛上所有未获得奖牌或奖项的参赛选手可以获得参赛证书，这同样是一种荣誉。

模块三
驱动电机控制器的检测与维修

课题 驱动电机控制器的检测与维修

学习目标

1. 了解驱动电机控制器的分类。
2. 掌握驱动电机控制器的结构组成。
3. 掌握驱动电机控制器的工作原理。
4. 能够对驱动电机控制器进行正确的拆装及检测。
5. 能够对驱动电机控制器相关故障进行诊断和排除。

●任务描述

一辆北汽纯电动汽车出现故障，到4S店进行维修，主要故障现象是该车在行车过程中出现间歇性无法行驶的现象，经过维修人员检查发现是驱动电机控制器出现了问题，需要拆解电机控制器对其进行检查和维修。

任务分析

该车辆在运行过程中出现无法行驶现象，可能是由于驱动电机控制器出现直流母线过（欠）压故障、电机控制器 IGBT 模块过温、驱动电机控制器过温等问题，应结合驱动电机控制器结构及工作原理。处理时应仔细分析故障产生的具体原因，并严格按照高压操作规范及维修手册要求进行故障排除。

相关理论

一、驱动电机控制器的功能、结构和分类

1. 驱动电机控制器的功能

驱动电机控制器响应并反馈整车控制器根据驾驶员的意图发出的各种指令，实时调整驱动电机输出，以实现整车的前行、倒车、停车、能量回收及驻坡等功能。

驱动电机控制器内部主要模块的功能如下。

（1）控制主板的功能

1）与整车控制器通信；

2）监测直流母线及相电流；

3）控制 IGBT 模块；

4）采集 IGBT 温度；

5）反馈 IGBT 模块和电机温度；

6）为旋转变压器励磁供电；

7）对旋变信号进行监测与分析；

8）信息反馈。

（2）IGBT 模块的功能

1）将信号反馈至驱动电机控制器控制主板；

2）监测直流母线电压；

3）将直流转换为交流及变频；

4）监测相电流的大小；

5）监测 IGBT 模块温度；

6）三相整流。

（3）内部电容和放电电阻的功能

1）内部电容（薄膜电容）的功能是在接通高压电路时被充电，使电机启动时保持电压的稳定。

2）放电电阻：断开高压电路时，通过电阻给电容放电至安全电压。

图 3-1-1 所示为内部电容及放电电阻实物图。图 3-1-2 所示为放电电路的原理示意图。

图 3-1-1　电容及放电电阻实物图

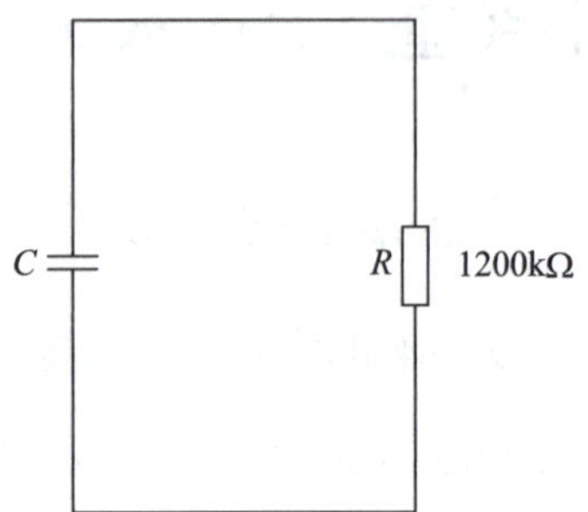

图 3-1-2　放电电路

2. 驱动电机控制器的结构

驱动电机控制器主要由接口电路、控制主板、IGBT 模块、内部电容、放电电阻、电流感应器、壳体水道等组成。图 3-1-3 所示为北汽 EV200 车型驱动电机控制器内部的内部电容、控制主板及接口电路，图 3-1-4 所示为北汽 EV200 车型驱动电机控制器内部的 IGBT 模块、电流传感器，图 3-1-5 所示为北汽 EV200 车型驱动电机控制器内部的放电电阻。

3. 驱动电机控制器的分类

驱动电机控制器的核心器件是 IGBT，结构工程师最关心它的尺寸和封装形式，它的大小直接影响外壳的尺寸以及水道的布置形式。

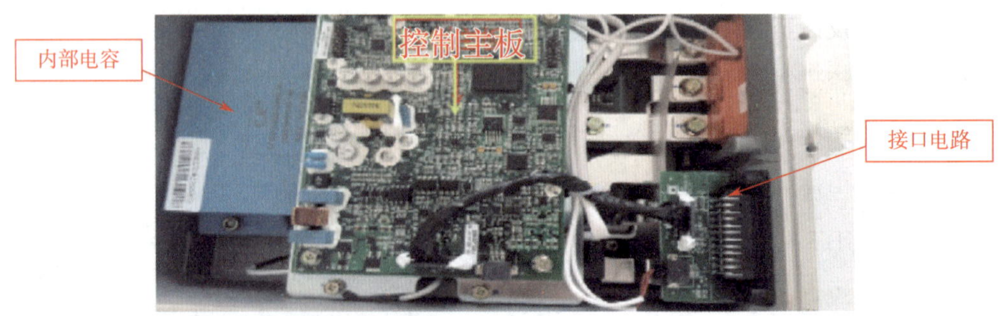

图 3-1-3　内部电容、控制主板和接口电路

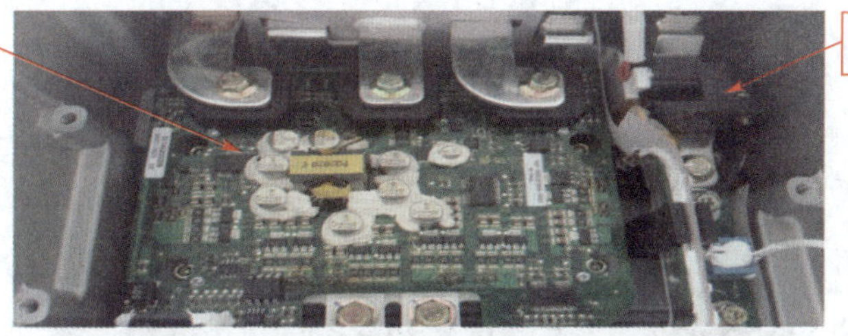

图 3-1-4　IGBT 模块、电流感应器

图 3-1-5　放电电阻

据此，可将驱动电机控制器分为三代。Ⅰ、Ⅱ代驱动电机控制器均在市场上被广泛应用，根据成本或者应用环境的要求搭载在不同的车型上。Ⅲ代驱动电机控制器大多应用在控制器工程样机阶段。

（1）Ⅰ代驱动电机控制器

Ⅰ代驱动电机控制器的显著特点是金属壳体上需要设计水道，水流与 IGBT 不进行任何接触，IGBT 散发出的热量需要通过其下部的金属底板，依靠传导方式传递给壳体外侧的冷却水进行散热。为减少传导热阻，通常需要在 IGBT 金属底板上涂抹导热硅脂后再与主壳体贴合。图 3-1-6 所示为Ⅰ代驱动电机控制器总布置，图 3-1-7 所示为主壳体水道造型，图 3-1-8 所示为Ⅰ代驱动电机控制器高压线束接口。

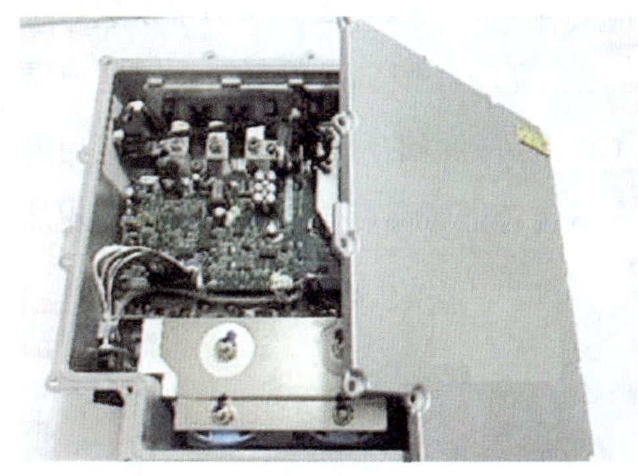

图 3-1-6　Ⅰ代驱动电机控制器总布置

图 3-1-7　主壳体水道造型

图 3-1-8　Ⅰ代驱动电机控制器高压线束接口

（2）Ⅱ代驱动电机控制器

Ⅱ代驱动电机控制器 IGBT 模块集成的散热结构与冷却水直接接触，换热面积大，热交换效率高，能有效降低控制器的升温速度，提高驱动电机控制器的输出容量上限，同时，降低了机械设计工程师的匹配设计难度，方便搭载和应用。目前该模块形式广泛应用于乘用车车型中，Ⅱ代驱动电机控制器具有如下特点：

1）系统峰值功率远高于同参数的Ⅰ代产品；

2）与Ⅰ代相比，体积更小、质量更小，功率密度更高；

3）与Ⅰ代相比，造价高很多。

经试验测试，与Ⅰ代相比，Ⅱ代驱动电机控制器的 IGBT 模块总热阻大大降低，如水温约 20 ℃、水流量 4～9 L/min 时，模块的总热阻最高降低 33%。另外其内部各芯片的温度分布更为均匀，有利于模块的均流特性。Ⅱ代驱动电机控制器的外观如图 3-1-9 所示。

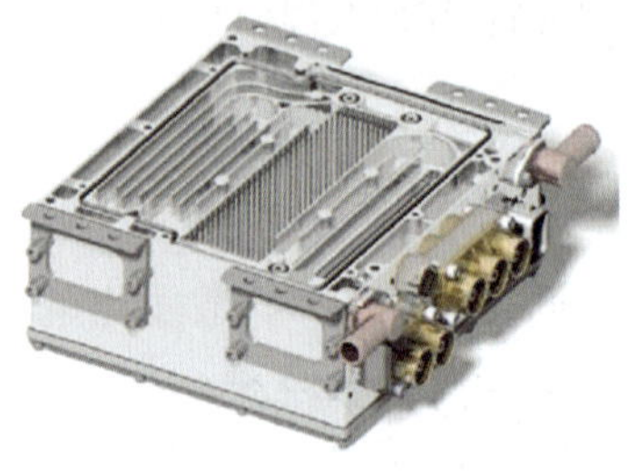

图 3-1-9　Ⅱ代驱动电机控制器

Ⅱ代驱动电机控制器具有以下性能优点：

1）完善的保护功能

Ⅱ代驱动电机控制器具有过压、欠压、过流、短路、过载、过热（功率模块、电机和电路板）、超速、自检、CAN 丢失、MCU 监控、高压互锁、开盖互锁、辅助电源故障、通信故障等保护功能，并可进行故障诊断（诊断传感器信号开路、短路、接电源和接地故障电路，含位置传感器、电流传感器、电压传感器、温度传感器和各种低电压传感器）。

2）快速的动态响应

①转速控制精度高及过冲量小；

②力矩控制精度高，响应快速，为极限工况的运行可靠性提供保障；

③旋转变压器的零位自动校正功能可在车辆行驶情况下自动校正零位。

（3）Ⅲ代驱动电机控制器

Ⅲ代驱动电机控制器的 IGBT 模块采用双面冷却方案，把温度传感器和电流传感器功能集成，实现对整个模块进行芯片级的管理，同时集成水冷流道的散热结构。

水冷设计的重点包括流量的均衡，双面水冷较之单面水冷，热阻可以减小 32%，水路压降下降也只有其 35%。同时，对于双面散热，仅增大 27.5% 的压力，就能获得双倍于单面水冷的总散热流量。同等条件下，采用双面水冷散热后，输出功率能够增加 30% 以上。

二、驱动电机控制器的工作原理

1. 驱动电机系统的控制策略

驱动电机控制器采用三相两电平电压源型逆变器，整车控制器（VCU）发出指令，通过 CAN 线传输到驱动电机控制器主板，驱动电机控制器主板经过逻辑换算和确定旋转变压器的转子位置，再发信号驱动 IGBT 模块，IGBT 模块输出三相交流电使电机旋转。驱动电机控制器主板对所有的输入信号进行处理，并将驱动电机控制器运行状态的信息反馈给整车控制器。驱动电机控制器内含故障诊断电路。当诊断出异常时，它将会激活一个错误代码，同时存储该故障码和数据或发送给整车控制器。驱动电机系统原理图如图 3-1-10 所示。

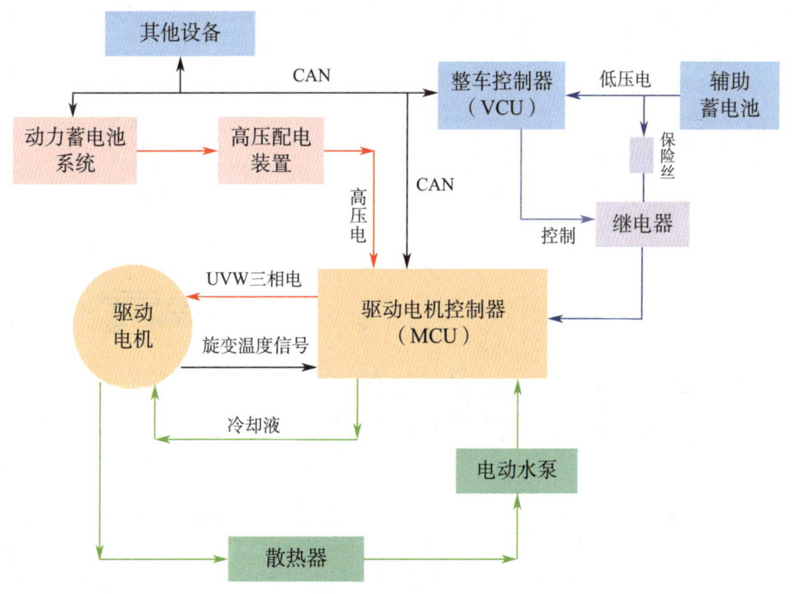

图 3-1-10　驱动电机系统原理图

IGBT 模块根据控制器主板的指令，将输入的直流电逆变成电压、频率可调的三相交流电，供给配套的三相永磁同步电机使用。在能量回收工况，IGBT 将发电机输入的交流电，经过整流转换成直流电给动力蓄电池充电。

2. 冷却系统的控制策略

下面以北汽 EX360 为例，介绍冷却系统的控制策略。

（1）水泵控制

启动车辆时电动水泵开始工作。

（2）电机温度控制

当驱动电机控制器监测到驱动电机温度在 45～50 ℃范围时，冷却风扇低速启动；温度高于 50 ℃时，冷却风扇高速启动；温度降至 40 ℃时冷却风扇停止工作。在 120～140 ℃范围时，降功率运行；温度高于 140 ℃时，降功率至 0，即停机。

（3）驱动电机控制器温度控制

当驱动电机控制器监测到散热基板温度高于 75 ℃时，冷却风扇低速启动。温度高于 80 ℃时，冷却风扇高速启动；温度降至 75 ℃时冷却风扇停止工作。温度高于 85 ℃时，超温保护生效，设备停机。当驱动电机控制器监测到散热基板温度在 75～85 ℃范围时，降功率运行。

3. 驱动电机系统的驱动模式

当驱动电机控制器从整车控制器处得到扭矩输出命令时，将动力蓄电池提供的直流电，转化成三相正弦交流电，驱动电机输出扭矩，通过机械传输来驱动车辆，如图 3-1-11 所示。

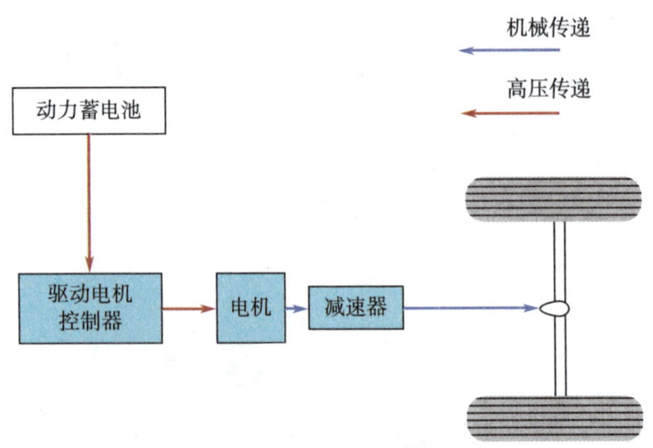

图 3-1-11　驱动电机控制器驱动控制示意图

根据驾驶员意图，以下分别对挂 D 挡行车、挂 R 挡倒车两种驱动电机系统驱动工作状态进行分析：

（1）D 挡行驶

驾驶员挂 D 挡并踩加速踏板，此时挡位信息和加速信息通过信号线传递给整车控制器（VCU），VCU 把驾驶员的操作意图通过 CAN 传递给驱动电机控制器（MCU），再由 MCU 结合旋转变压器信息进行控制，向永磁同步电机的定子通入三相交流电，三相电流在定子绕组的电阻上产生电压降。由三相交流电产生的旋转电枢建立的电枢磁场，一方面切割定子绕组，并在定子绕组中产生感应电动势，另一方面以电磁力拖动转子以同步转速正向旋转。随着加速踏板行程不断加大，驱动电机控制器控制的 IGBT 导通频率上升，驱动电机的转矩随着电流的增加而增加。随着驱动电机转速的增加，驱动电机的功率和电压也随之增加。在电动汽车上，一般要求电动机的输出功率保持恒功率，即电动机的输出功率不随转速增加而变化，这就要求在电动机转速增加时，电压保持恒定。与此同时，驱动电机控制器也会通过传感器，感知驱动电机当前功率、消耗电流大小、电压大小，并把这些信息数据通过 CAN 网络发送给 VCU 及仪表。

（2）R 挡行驶

当驾驶员挂 R 挡时，驾驶员请求信号发给 VCU，再通过 CAN 发送给 MCU，此时 MCU 结合当前转子位置（旋转变压器）信息，通过改变 IGBT 模块改变 W、V、U 通电顺序，进而控制驱动电机反转。

4. 驱动电机系统的发电模式

当车辆在滑行或制动时，整车控制器检测到满足启动能量回收的条件时，发出能量回收指令，IGBT 模块输出为 0，电机停止工作，驱动车轮通过传动系统使电机转子旋转，此时电机就成了发电机，输出三相正弦交流电，通过 IGBT 模块转换成直流电向动力蓄电池充电，如图 3-1-12 所示。

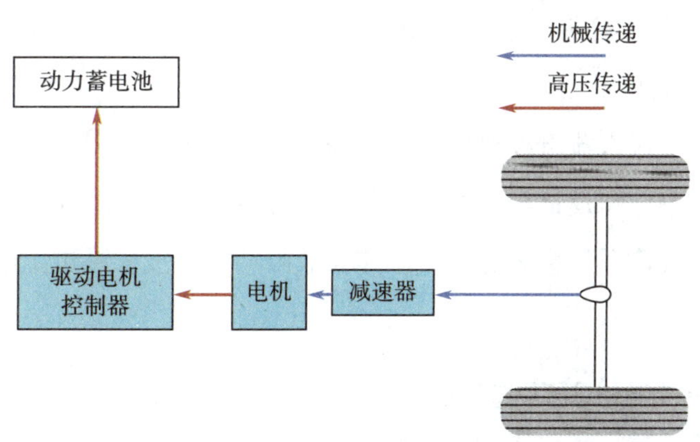

图 3-1-12　电机控制器发电控制示意图

启动能量回收的条件如下：

（1）加速踏板开度为 0 或处于制动状态；

（2）电池电量小于 95%；

（3）动力蓄电池温度低于 45 ℃；

（4）各系统无故障。

三、驱动电机控制器的故障及维修

下面以北汽 EX360 车型典型故障现象实例为例，说明驱动电机控制器常见故障及其维修方法。

1. 驱动电机控制器直流母线过压故障

（1）故障现象

母线电压超过限定值（450 V）。

（2）故障可能的原因

1）电机系统突然大功率充电；

2）发电状态下高压回路非正常断开。

（3）故障可能造成的影响

1）MCU 无法正常工作；

2）MCU 高压直流侧电容损坏；

3）车辆无法行驶。

（4）故障报警方式

1）MCU 关闭 PWM 输出，向整车控制器发送直流母线过压故障标志位；

2）整车控制器检测到母线过压故障后，切断高压；

3）仪表点亮系统故障灯，报警音常鸣。

（5）故障排除方法

若其他节点也上报直流母线过压故障，则优先排查子系统和高压供电回路可能存在的问题，否则将故障信息反馈给电机工程师进行分析。如果故障期间母线电压确实超过上限阈值，则不需要联系厂家服务人员。如果故障期间母线未超过上限阈值，则需要联系厂家服务人员。

2. 驱动电机控制器 IGBT 过温故障

（1）故障现象

任意一相 IGBT 温度超过限制值（90 ℃）。

（2）故障可能的原因

1）MCU 长期大负荷运行；

2）冷却系统出现故障。

（3）故障可能造成的影响

1）MCU 最大可用转矩降低；

2）整车动力性能下降，甚至不能正常行驶。

（4）故障报警方式

1）当任意一相 IGBT 温度超过限制值（90 ℃），永磁同步电机的 MCU 将进入零转矩控制模式，同时向整车控制器发送零转矩模式状态，交流异步电机的 MCU 将关闭 PWM 输出，并发送整车控制器关闭使能请求标志位；

2）点亮电机系统专用报警灯；

3）仪表点亮系统故障灯，报警音短鸣。

（5）故障排除方法

1）如果隔一段时间重新上电，故障消除，不需要联系厂家服务人员。

2）如果隔一段时间重新上电，故障重复出现，则按以下方法处理：

①若冷却水泵也上报故障，则优先排查冷却水泵问题；

②然后优先排查是否缺少冷却液，若缺少冷却液，则及时补加冷却液；

③如果不缺少冷却液，则排查冷却管路是否堵塞或泄漏；

④若冷却液和冷却管路均无问题，则需要联系厂家服务人员。

3. 驱动电机控制器过热故障

（1）故障现象

MCU 温度超过限制值（75 ℃）。

（2）产生故障可能的原因

1）电机长时间超负荷运行；

2）冷却系统故障。

（3）故障可能造成的影响

1）MCU 最大可用转矩降低；

2）整车动力性能降低，甚至不能正常行驶。

（4）故障报警方式

1）当电机温度超过限制值（75 ℃），MCU 进入零转矩控制模式，同时向整车控制器发送零转矩模式状态；

2）点亮电机系统专用报警灯；

3）仪表点亮系统故障灯，报警音短鸣。

（5）故障排除方法

1）如果隔一段时间重新上电，车辆恢复正常，不需要联系厂家服务人员。

2）如果隔一段时间重新上电，故障重复出现，则按以下方法处理：

①若冷却水泵也上报故障，则优先排查冷却水泵问题；

②然后优先排查是否缺少冷却液，如图 3-1-13 所示，若缺少冷却液，则及时补加冷却液；

③如果不缺少冷却液，则排查冷却管路是否堵塞或泄漏，如图 3-1-14 所示，若冷却管路存在堵塞和漏水，则进行排查解决；

图 3-1-13　冷却液液位检查

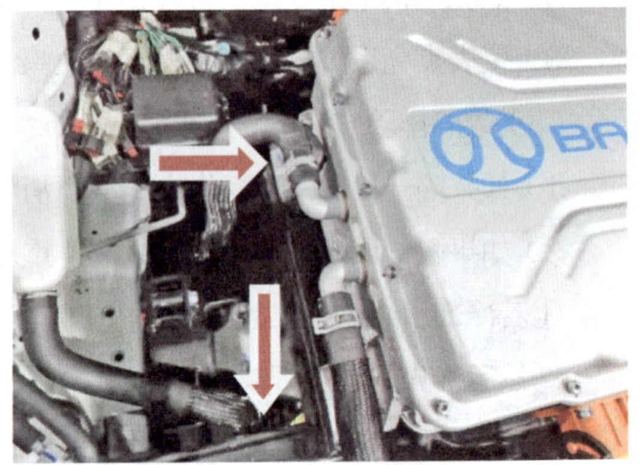

图 3-1-14　冷却液管路检查

④若冷却液和冷却管路均无问题，则需要联系厂家服务人员。

4. 驱动电机控制器与整车无法通信

（1）故障现象

车辆无法行驶，车辆仪表 REDAY 灯无法点亮，黄色系统灯点亮，黄色动力蓄电池断开故障灯点亮，仪表故障显示如图 3-1-15 所示。

（2）故障原因分析

接入诊断仪读取故障信息，发现整车控制器信息能够读取，但整车控制器与 MCU 通信丢失，如图 3-1-16 所示。读取 MCU 模块时，MCU 无响应，无法读取 MCU 模块信息，如图 3-1-17 所示。

图 3-1-15　车辆仪表故障显示

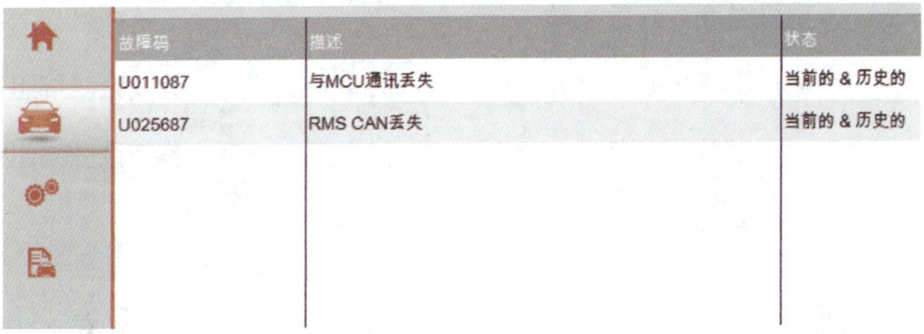

故障码	描述	状态
U011087	与MCU通讯丢失	当前的 & 历史的
U025687	RMS CAN丢失	当前的 & 历史的

图 3-1-16　整车控制器与 MCU 通信丢失

系统	状态
驱动电机系统(MCU)	N/A
动力电池系统(BMS PPST)	OK
动力电池系统(BMS BESK)	OK
组合仪表(ICM)	2 DTC

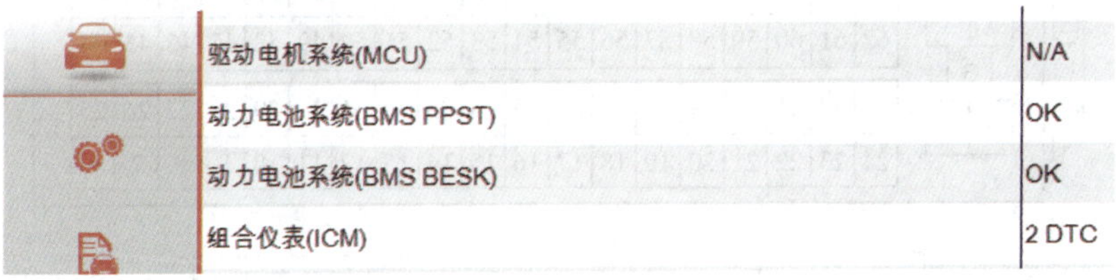

图 3-1-17　MCU 无响应

造成整车控制器与 MCU 通信丢失，且 MCU 无响应的可能原因有：MCU 无供电、MCU 无使能信号输入、MCU 相关线路插头虚接、MCU 的通信线束 CAN 故障、MCU 本体故障等。通过查阅维修手册，确定维修思路，进行故障检修作业。

MCU 低压控制插件端口如图 3-1-18 所示，部分端口定义见表 3-1-1。

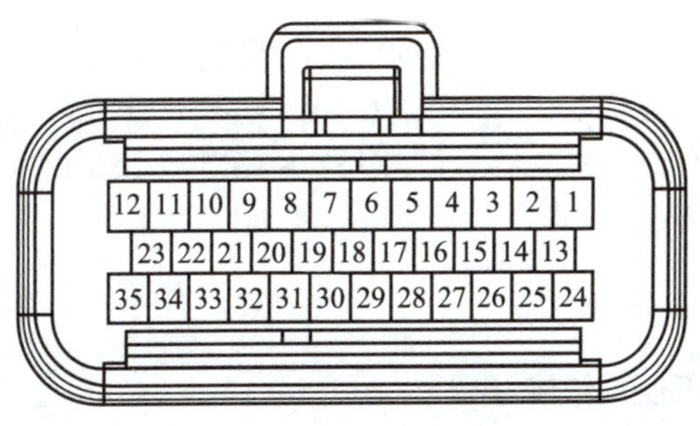

图 3-1-18　MCU 低压控制插件端口

表 3-1-1 MCU 低压控制插件部分端口定义

端口编号	端口定义	端口编号	端口定义
1	12 V 电源	24	低压蓄电池负极接地
9	电机温度 1 测量 L 端	29	新能源 CAN 屏蔽
10	电机温度 1 测量 H 端	30	新能源 CAN 地线
11	旋变励磁绕组正	31	新能源 CAN-L
12	旋变励磁绕组负	32	新能源 CAN-H
20	电机温度 2 测量 L 端	33	旋变正弦绕组 S1/S3 屏蔽
21	电机温度 2 测量 H 端	34	旋变余弦绕组正
22	正弦绕组负	35	旋变余弦绕组负
23	正弦绕组正		

整车控制器低压控制插件端口如图 3-1-19 所示，部分端口定义见表 3-1-2。

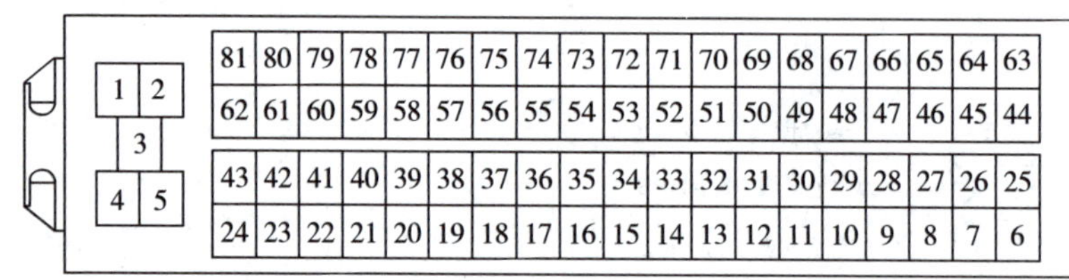

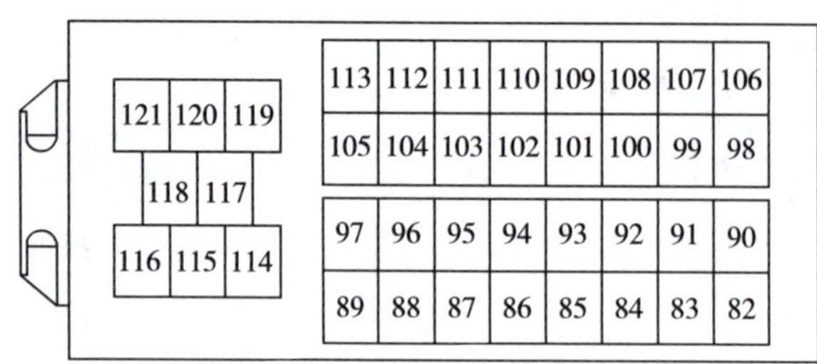

图 3-1-19 VCU 低压控制插件端口

表 3-1-2 VCU 低压控制插件部分端口定义

端口编号	端口定义	端口编号	端口定义
1	VCU 供电	88	电机使能输出
2	GND	104	新能源 CAN-L
13	高低压互锁信号	111	新能源 CAN-H
62	DC/DC 使能		

MCU 电机继电器实物图及端口如图 3-1-20 所示。

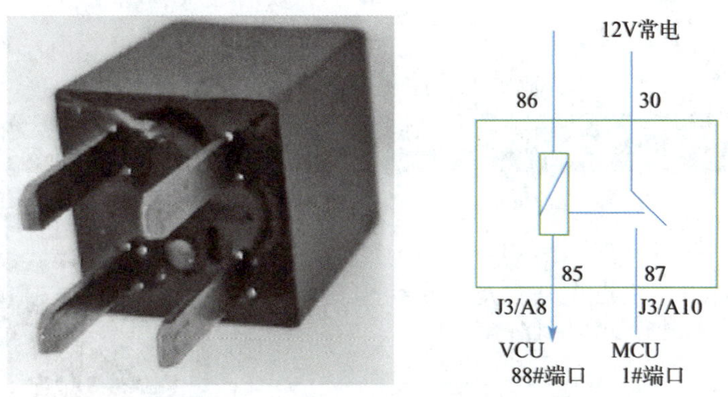

图 3-1-20 MCU 电机继电器实物图及端口

电机继电器（编号 ERY07）及驱动电机控制器常电熔丝（编号 FB10）在前舱保险及继电器盒中位置如图 3-1-21 所示。

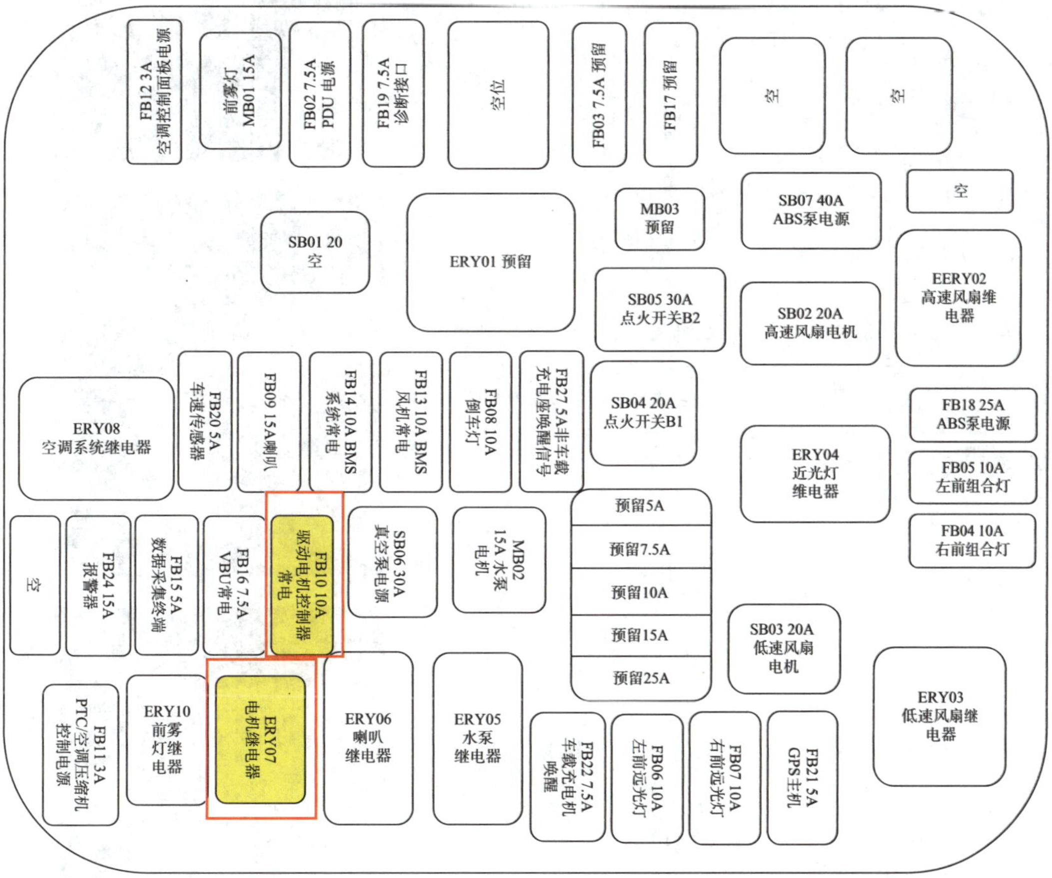

FB12 3A 空调控制面板电源
前雾灯 MB01 15A
FB02 7.5A PDU电源
FB19 7.5A 诊断接口
空位
FB03 7.5A 预留
FB17 预留
空
空
MB03 预留
SB07 40A ABS泵电源
空
SB01 20 空
ERY01 预留
EERY02 高速风扇维电器
SB05 30A 点火开关B2
SB02 20A 高速风扇电机
ERY08 空调系统继电器
FB20 5A 车速传感器
FB09 15A喇叭
FB14 10A BMS 系统常电
FB13 10A BMS 风机常电
FB08 10A 倒车灯
FB27 5A非车载充电座唤醒信号
SB04 20A 点火开关B1
FB18 25A ABS泵电源
ERY04 近光灯 维电器
FB05 10A 左前组合灯
FB04 10A 右前组合灯
空
FB24 15A 报警器
FB15 5A 数据采集终端
FB16 7.5A VBU常电
FB10 10A 驱动电机控制器常电
SB06 30A 真空泵电源
MB02 15A 水泵 电机
预留5A
预留7.5A
预留10A
预留15A
预留25A
SB03 20A 低速风扇 电机
FB11 3A PTC/空调压缩机控制电源
ERY10 前雾 灯继 电器
ERY07 电机继电器
ERY06 喇叭 继电器
ERY05 水泵 继电器
FB22 7.5A 车载充电机唤醒
FB06 10A 左前远光灯
FB07 10A 右前远光灯
FB21 5A GPS主机
ERY03 低速风扇继电器

图 3-1-21 MCU 电机继电器及熔丝位置

（3）检测与排除系统电路故障

在进行故障诊断时，故障诊断思路很重要，应遵循先易后难、易损件入手的排除思路，任务描述中的驱动电机控制器出现故障现象，可按照表 3-1-3 中的检测步骤进行检测与排除。

表 3-1-3　驱动电机控制器故障检修步骤

实施步骤	实施内容	图片参考
1	关闭车辆点火开关及所有用电设备，拔下钥匙并妥善保管	
2	打开车辆前舱，断开辅助低压蓄电池负极线缆，并做好负极隔离	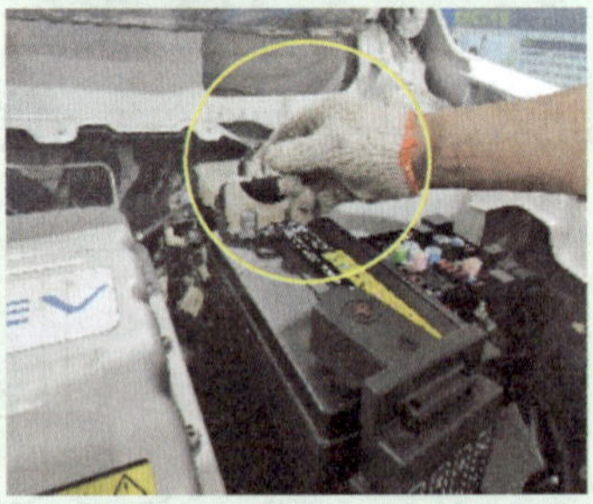
3	拔下驱动电机控制器 35 针插件，测量 35 针的 24# 端子与车身搭铁之间电阻，若电阻过大，维修本段线束；若电阻正常则进行下一步操作	
4	连接低压蓄电池负极，点火开关置于 ON 挡，用万用表测量 35 针的 1# 端子与搭铁之间是否为 12 V 左右蓄电池电压，若是，说明供电正常；若电压为零，则进行下一步操作	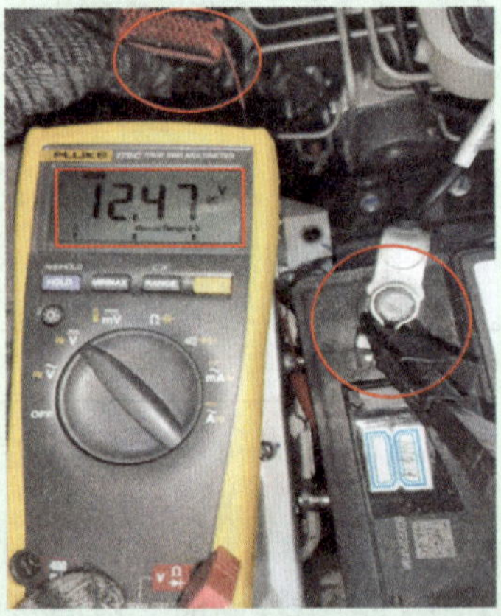

续表

实施步骤	实施内容	图片参考
5	测量供电熔丝 FB10 输入端、输出端对搭铁电压是否正常（12 V 左右为正常），若无电压，则进行下一步操作	
6	关闭点火开关，拔下蓄电池负极。拔下熔丝 FB10 测量其电阻是否小于 1 Ω，若电阻为无穷大，则需更换熔丝，并检查是否存在短路现象；若电阻正常则进行下一步操作	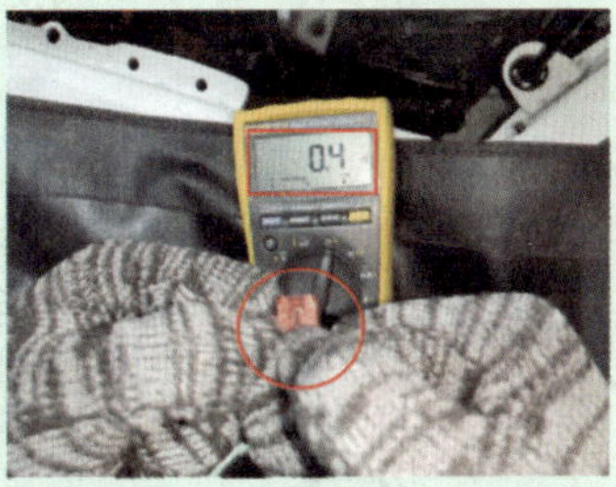
7	进一步测量熔丝 FB10 输入端至蓄电池正极电阻是否小于 1 Ω，若电阻过大，维修本段线束；若电阻正常则进行下一步操作	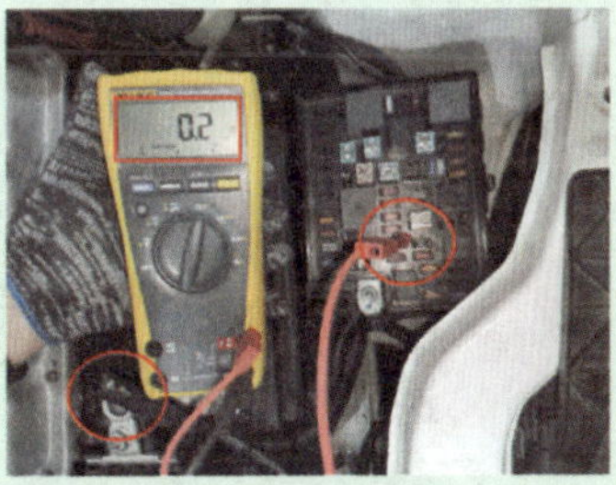
8	拔下电机继电器 ERY07，测量继电器座 30 端子至 FB10 输出端之间电阻，小于 1 Ω 为正常，若电阻过大，维修本段线束；若电阻正常则进行下一步操作	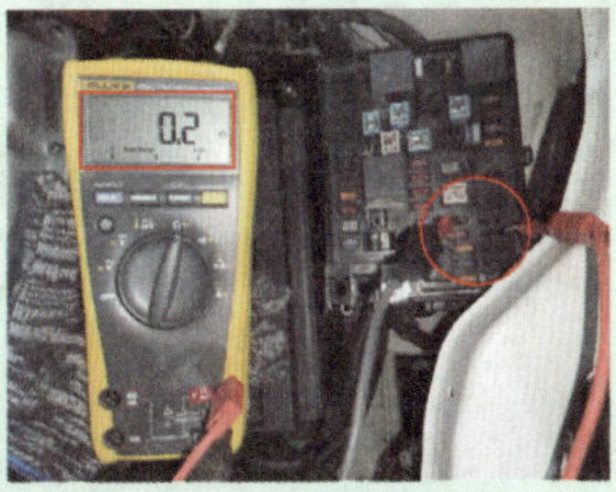

续表

实施步骤	实施内容	图片参考
9	测量继电器座 87 端子至 35 针的 1# 端子之间电阻是否小于 1 Ω，若电阻过大，维修本段线束；若电阻正常则进行下一步操作	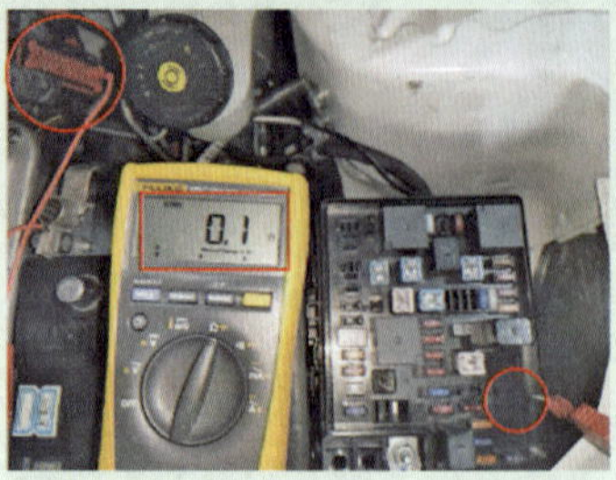
10	连接低压蓄电池负极，点火开关置于 ON 挡，进一步测量继电器 86 端子至搭铁电压是否正常（12 V 左右为正常）；若无电压，则进行下一步操作	
11	关闭点火开关，拔下蓄电池负极。测量继电器座 86 端子至熔丝 FB10 输出端之间电阻是否小于 1 Ω，若电阻过大，维修本段线束；若电阻正常则进行下一步操作	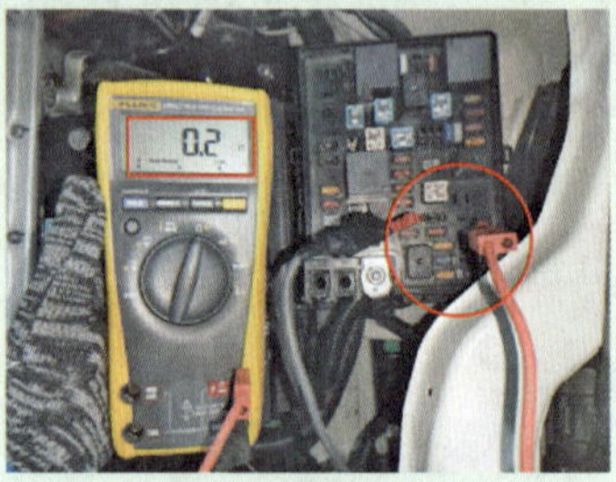
12	测量继电器座 85 端子至 VCU 的 T121/88# 端子之间电阻是否小于 1 Ω，若电阻过大，维修本段线束；若电阻正常则进行下一步操作	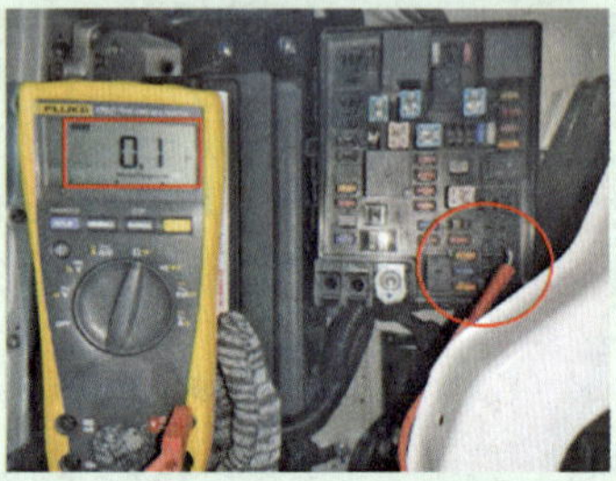
13	测量电机继电器 ERY07 线圈之间电阻是否正常（电阻应为 80～140 Ω），若电阻过大，需更换继电器；若电阻正常则进行下一步操作	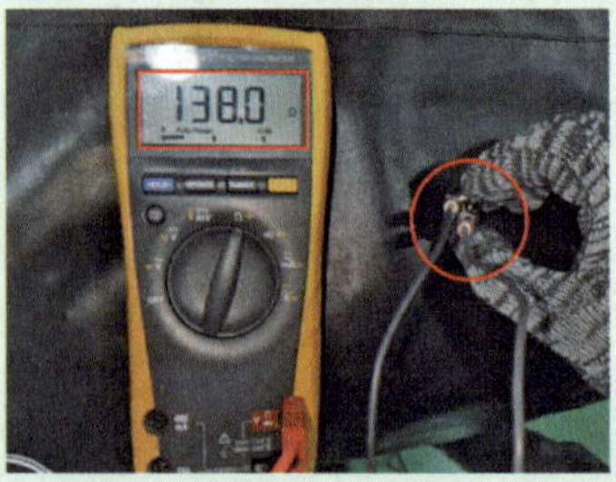

续表

实施步骤	实施内容	图片参考
14	测量电机继电器 ERY07 触点之间开路电阻是否正常（电阻应为无穷大），若电阻小于 1 Ω，需更换继电器；若电阻为无穷大则进行下一步操作	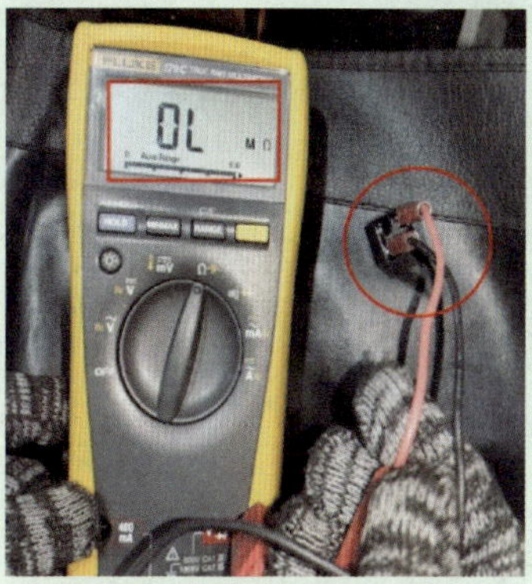
15	测量电机继电器 ERY07 触点电阻是否正常，若电阻小于 1 Ω 为正常，若电阻为无穷大需更换继电器；若电阻正常则进行下一步操作	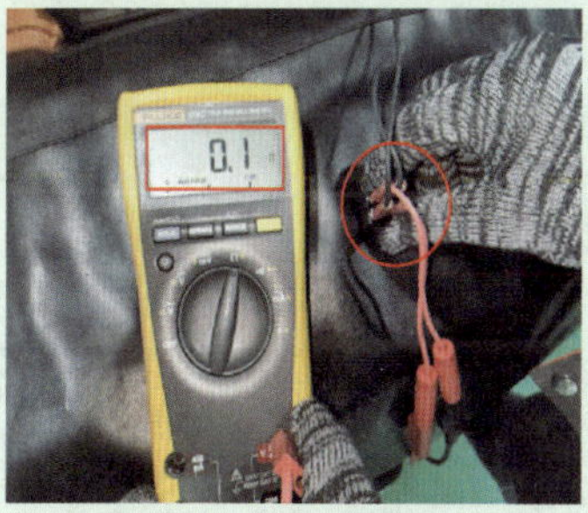
16	关闭点火开关，拔下蓄电池负极。拔下 MCU，测量 T35 针端子测量 31# 与 32# 端子之间的终端电阻是否在 120 Ω 左右，若电阻不正常，则进行下一步操作	
17	检查 MCU 的 CAN 总线电压，连接低压蓄电池负极，点火开关置于 ON 挡，测量 MCU35 针的 31# 端子（CAN-L 线）至搭铁之间电压是否正常（电压应为 2.0 V 左右），若不正常，则进行下一步操作	

续表

实施步骤	实施内容	图片参考
18	关闭点火开关，拔下蓄电池负极。测量35针的31#端子（CAN-L线）至VCU104#端子（CAN-L线）之间电阻是否小于1 Ω，若电阻过大，维修本段线束；若电阻正常则进行下一步操作	
19	检查MCU的CAN总线电压，连接低压蓄电池负极，点火开关置于ON挡，测量MCU35针的32#端子（CAN-H线）至搭铁之间电压是否正常（电压应为2.5 V左右），若不正常，则进行下一步操作	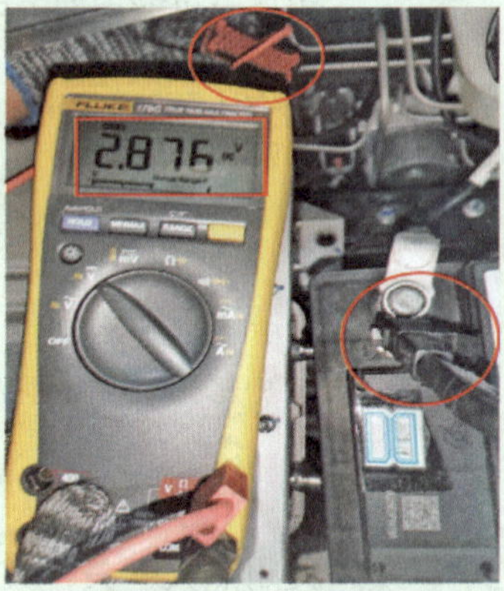
20	测量MCU35针的32#端子（CAN-H线）至VCU111#端子（CAN-H线）之间电阻是否小于1 Ω，若电阻过大，维修本段线束；若电阻正常则进行下一步操作	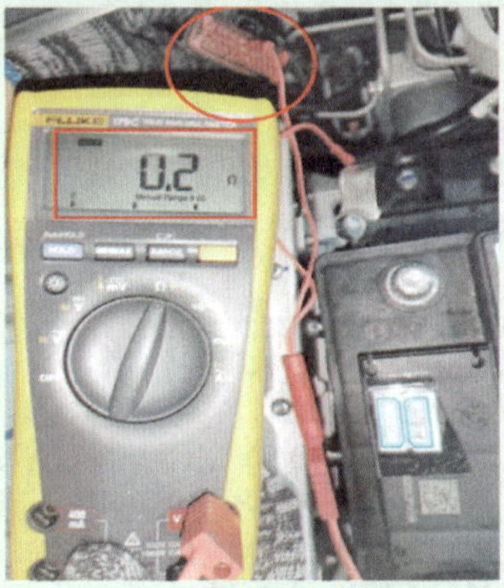
21	作业完成后整车进行功能验证，接入诊断仪，读取故障码数据流信息，清除历史故障码，确保车辆功能恢复正常	

思考与练习

1. 查阅资料，电动汽车常见的驱动电机控制器故障有哪些？
2. 总结对电动汽车驱动电机控制器进行检修时的检修思路。

技能实训 9　MCU 与整车无法通信故障的检修

实训任务		日期		成绩	
学生姓名		学号		班级	

一、实训目的

1. 能够正确识读维修手册及电路图。

2. 能够完成 MCU 与整车无法通信故障的检测作业。

二、实训器材

实训工作台、北汽纯电动汽车、万用表、绝缘维修工具、安全防护用品、北汽专用诊断仪、维修手册、万用接线盒等。

三、实训内容

1. 小组分工

维修技师		维修工	
安全员		质检员	
解说员		记录员	

2. MCU 与整车无法通信故障的检测

查阅维修手册等相关资料，各组员共同探讨 MCU 与整车无法通信故障的检测方法，并由本组解说员对测量方法进行解说，在实训过程中将操作步骤及注意事项填写在下表中。

操作步骤	操作内容	测量结果及判定	注意事项
1			
2			
3			
4			
5			

四、质量检查

1. 完工检查

质检员对小组任务完成后的作业现场恢复情况进行质量检查。

2. 教师质量检查

实训指导教师根据学生任务实施过程情况，针对实训过程中出现的问题提出改进措施及建议。

序号	评价项目	出现的问题	改进措施
1	小组成员分组及合作		
2	MCU 与整车无法通信故障检测作业前准备		
3	MCU 供电使能线路检修		
4	MCU 搭铁线路的检修		
5	MCU 通信线路的检修		
6	实训注意事项		
7	车辆完工后的质量检查		
8	6S 管理		
评价结果		□优秀★★★★★ □一般★★★	□良好★★★★ □较差★★
操作评价			

五、评价反馈

1. 组间互评

各学习小组通过对其他小组任务实施过程进行互评、对比，并记录评价结果。

序号	评价标准	评价结果
1	任务目标制定合理恰当	
2	任务过程表述清晰明确	

续表

序号	评价标准	评价结果
3	任务结果符合实际情况	
4	任务计划切实有效执行	
5	任务体会感受情感真实	
综合评价	□优秀★★★★★　□良好★★★★ □一般★★★　□较差★★	

2. 自我评价

小组成员根据自己在课堂中的实际表现进行反思，并在下表中对自己进行客观、如实评价。

自我评价	

3. 教师综合考核

教师对各小组技能实训情况进行综合考核，并完成以下综合考核表。

综合考核表

序号	评分项目	评价内容	评价成绩		备注
			分值	得分	
1	职业素养	服从安排，遵守纪律，遵守实训场所 6S 管理制度	10		
2		团队合作意识强，注重沟通	10		
3		学习态度积极主动，能参加实习安排活动	10		
4		能自主学习及相互协作	10		
5		安全意识强，责任意识强	5		
6		仪容仪表符合活动安排	5		

续表

序号	评分项目	评价内容	评价成绩		备注
			分值	得分	
7	专业能力	按时按要求独立完成作业内容	15		
8		操作规范，符合要求	10		
9		按时按要求独立或协作完成操作或展示项目	10		
10		工具设备选择得当，使用符合技术要求	5		
11		学习准备充分	5		
12		注重工作效率与工作质量	5		
		总分	100		
本小组评价			教师签名： 年 月 日		

世赛知识

世界技能大赛项目分类

世界技能大赛共包括六大类竞赛项目，每个大类下细分为若干具体的项目，每届大赛略有不同。将于中国上海举行的第 46 届世界技能大赛共设立了 63 个竞赛项目。

结构与建筑技术大类

创意艺术与时尚大类

3D 数字游戏艺术
时装技术
花艺
平面设计技术
珠宝加工
商品展示技术

信息与通信技术大类

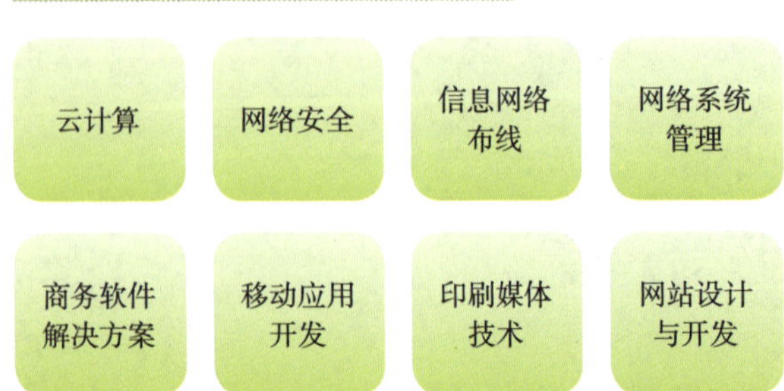

制造与工程技术大类

增材制造

化学实验室技术

数控铣

数控车

建筑金属构造

电子技术

工业控制

工业设计技术

工业机械装调

工业 4.0

制造团队挑战赛

CAD 机械设计

机电一体化

移动机器人

光电技术

塑料模具工程

原型制作

可再生能源

机器人系统集成

水处理技术

焊接

社会与个人服务大类

烘焙

美容

烹饪（西餐）

美发

健康与社会照护

酒店接待

糖艺 / 西点制作

餐厅服务

运输与物流大类

飞机维修

车身修理

汽车技术

汽车喷漆

货运代理

重型车辆维修

轨道交通技术

模块四
冷却系统的检测与维修

课题一 冷却系统部件的更换

学习目标

1. 能够识别冷却系统主要部件并叙述其功能。
2. 掌握电动汽车冷却系统的工作原理。
3. 能够分析冷却系统电路图。
4. 能够规范完成水泵总成及散热器总成的更换。

任务描述

客户反馈一辆北汽 EX360 在行驶中仪表提示发生驱动电机过热故障，车辆行驶几千米以后，仪表显示为驱动电机控制器过热。出现此故障后，将点火开关关闭故障现象会暂时消除，但行驶一段时间后故障还会重复出现。现需维修技师对其进行检查和维修。

●任务分析

造成上述故障现象的原因有冷却液缺少、冷却循环管道堵塞、电动水泵本体故障、散热风扇故障、电机温度传感器故障等。如果是水泵或散热风扇发生机械故障，必要时需对其进行更换，更换时应严格按照操作规范及维修手册进行。

相关理论

一、冷却系统的结构

电动汽车冷却系统的作用是将驱动电机、驱动电机控制器等总成部件产生的热量及时散发出去，保证其在要求的温度范围内稳定、高效地工作。电动汽车冷却系统主要由水泵总成、膨胀水箱、散热器、冷却管道、散热风扇、冷却液、驱动电机及其控制器内部冷却管道等组成。北汽 EX360 冷却系统的结构如图 4-1-1 所示。

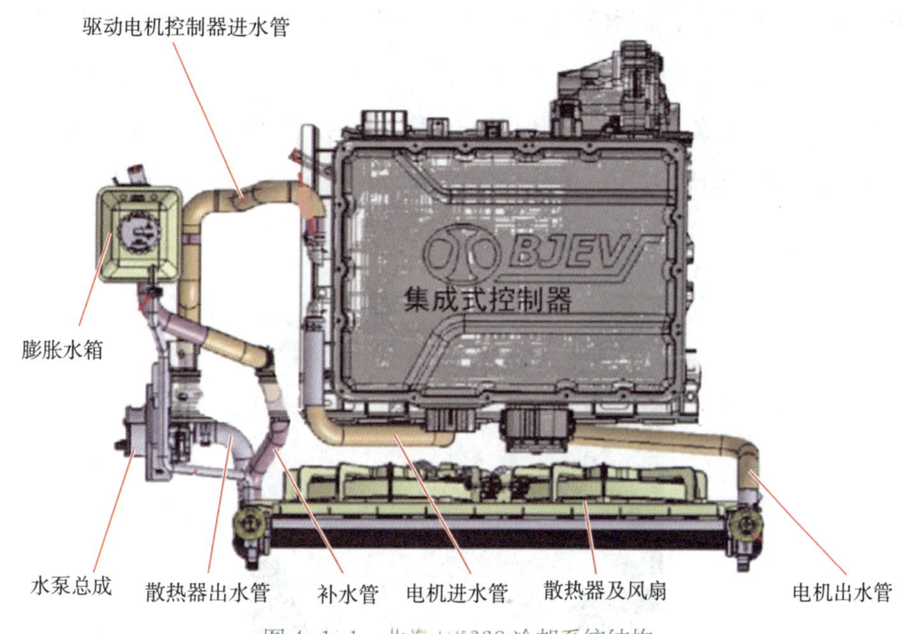

图 4-1-1 北汽 EX360 冷却系统结构

以下介绍水泵总成、膨胀水箱、散热器、散热风扇和冷却液等主要组成部分。

（1）水泵总成

电动汽车冷却系统中水泵的作用是通过对冷却液加压，保证冷却液能够在冷却管路中进行循环流动，从而吸收流经的部件热量，达到降温的目的。传统燃油汽车发动机通过传动带驱动水泵带轮运转使水泵工作，而纯电动汽车采用电动水泵，由动力蓄电池提供的电力进行驱动。水泵总成一般位于整个冷却系统较低的位置，北汽 EX360 电动水泵安装在车身右纵梁前部下方，如图 4-1-2 所示。电动水泵采用的是离心式水泵，水泵电机类型为永磁无刷直流电机。

图 4-1-2　电动水泵

（2）膨胀水箱

膨胀水箱也称副水箱，该水箱位于前舱内，如图 4-1-3 所示，通常膨胀水箱主要用来储存因温度升高而膨胀的冷却液，膨胀水箱位置高于冷却系统的所有部件。膨胀水箱侧边一般有 MAX（液位上限）和 MIN（液位下限）两个刻度，可以用于检查冷却液的液位。在冷却系统冷却液不足时，膨胀水箱还可以用来补充冷却液，因此膨胀水箱也称补液罐。

图 4-1-3　膨胀水箱实物图

（3）散热器

散热器按结构类型可分为管片式散热器和管带式散热器。管片式散热器芯部由许多细的冷却管和散热片构成，冷却管大多采用扁圆形截面，以减小空气阻力，增加传热面积。管带式散热器由波纹状散热带和冷却管相间排列经焊接而成。散热器总成实物如图 4-1-4 所示。

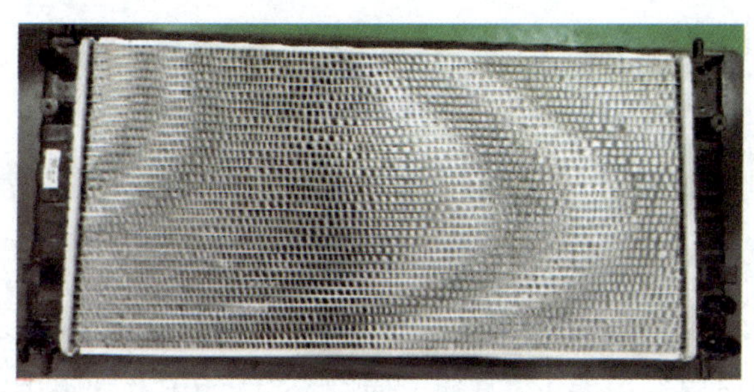

图 4-1-4　散热器总成实物

散热器芯部应具有足够的通流面积让冷却液通过，同时也应具备足够的空气通流面积让足量的空气通过，以带走冷却液传给散热器的热量，同时还必须具有足够的散热面积，来完成冷却液、空气和散热片之间的热量交换。

冷却系统工作时，散热器芯外流过的空气对流经散热器芯内的冷却液进行冷却。散热器盖会在散热器因冷却液的膨胀增大到一定压力时开启，冷却液流到膨胀水箱，温度降低后，冷却液回流入散热器。

（4）散热风扇

散热风扇位于散热器后面，其实物如图 4-1-5 所示，它的作用是提高流经散热器空气的流速和流量，以增强散热器的散热能力。目前散热风扇常采用两挡调速（高速和低速）电子风扇，风扇根据驱动电机、驱动电机控制器等运行状况的参数由整车控制器控制风扇的挡位和转速。

图 4-1-5　散热风扇实物

（5）冷却液

冷却液（又称防冻液）起到防冻、防沸、防锈、防腐蚀等效果，能够保证驱动电机等需冷却的部件处于正常工作温度。冷却液主要由水、防冻剂、添加剂三部分组成。一般来说冷却液有三种颜色，一般乙二醇是绿色，丙二醇是红色，二甘醇是蓝色，大多数冷却液的颜色为红色或绿色。添加冷却液时，不允许与不同型号混用。

二、冷却系统原理

以北汽电动汽车 EX360 的冷却系统为例说明：

水泵由水泵继电器通过 VCU 的相关端子进行控制，蓄电池的常供电正电经水泵熔丝通入水泵继电器，当 VCU 控制水泵继电器的控制线路工作时，水泵继电器开关闭合，正电通过水泵继电器进入水泵电机后经车身搭铁（蓄电池负极），水泵工作。

高速风扇运转由风扇继电器 1（高速）通过 VCU 的相关端子进行控制，低速风扇运转由风扇继电器 2（低速）通过 VCU 的相关端子进行控制。蓄电池的常正电分别经高速风扇熔丝和低速风扇熔丝通入风扇继电器 1 和风扇继电器 2，当 VCU 控制风扇继电器 1 的控制线路工作时，继电器 1 开关闭合，正电通过风扇继电器 1 进入风扇电机后经车身搭铁（负极），高速风扇开始工作。

冷却液在流经 MCU、充电机（水冷式）和电机等热源时，热源通过热传导将热量传递给冷却液，高温冷却液通过电动水泵提供的动力流经散热器时将热量传递给散热器，冷却空气通过热对流将热量带走，完成换热过程。

冷却系统由两个体系构成：冷却水回路和冷却风流道。冷却水在流经 MCU、充电机（水冷式）和电机等热源时，热源将热量传递给冷却液，高温冷却液通过电动水泵提供的动力流经散热器时将热量传递给散热器芯体，冷却空气通过热对流将热量带走，完成换热过程。

整车控制器控制水泵及风扇的启、停，通过采集驱动电机、驱动电机控制器、车载充电机等需冷却部件的温度信号，分析判断后控制水泵和风扇的开启状态，并根据冷却快慢需求选择风扇的高速或低速运转状态。

三、水泵总成更换

（1）设备、工具准备

所需主要的维修设备、工具见表 4-1-1。

表 4-1-1　　所需主要的维修设备、工具

序号	设备名称	图片参考	序号	设备名称	图片参考
1	北汽 EX360 型纯电动汽车		4	防护用品	
2	绝缘维修工具		5	冷却液收集装置	
3	维修工具		6	举升机	

（2）更换水泵总成

水泵总成更换流程见表 4-1-2。

表 4-1-2　　水泵总成更换流程

实施步骤	实施内容	图片参考
1	关闭点火开关及所有用电器，拔下钥匙并妥善保管	

续表

实施步骤	实施内容	图片参考
2	打开车辆前舱，断开辅助低压蓄电池负极线缆，并做好负极隔离	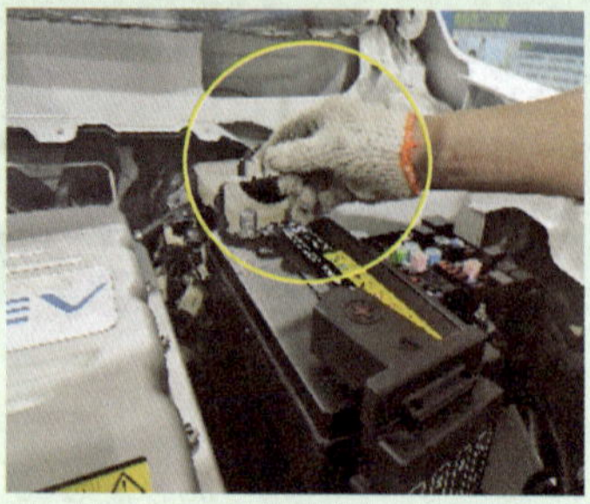
3	提前打开散热器密封盖，使用举升机将车辆举升到合适高度，锁止举升机安全销	
4	拆下车底前舱护板	
5	将收集盘置于车下，松开散热器冷却液排放螺栓，排放出散热器中的冷却液	
6	断开水泵插头	
7	用鲤鱼钳将进出水软管夹箍移开，拔开软管	
8	拆下水泵固定螺栓及水泵固定支架，取下水泵	
9	将待安装的水泵按照与拆卸步骤相反的顺序进行安装	
10	作业完工后添加冷却液进行水泵功能验证	

四、散热器总成更换

散热器总成更换流程见表 4-1-3。

表 4-1-3 散热器总成更换流程

实施步骤	实施内容	图片参考
1	关闭点火开关及所有用电器，拔下钥匙并妥善保管	
2	打开车辆前舱，断开辅助低压蓄电池负极线缆，并做好负极隔离	
3	将收集盘置于车下，松开散热器冷却液排放螺栓，排放出散热器中的冷却液	
4	断开风扇线束插头	
5	松开风扇两侧固定螺栓	
6	取下风扇	
7	用鲤鱼钳将散热器进出水软管夹箍移开，拔开软管	

续表

实施步骤	实施内容	图片参考
8	用套筒拆开快充座，移开快充线束	
9	拆下前舱锁止器固定螺栓	
10	拆开散热器上横梁连接螺栓，移开水箱上横梁	
11	从水箱下横梁取出散热器	
12	将待安装的散热器按照与拆卸步骤相反的顺序进行安装	
13	作业完工后按规范添加冷却液进行冷却系统功能试验	

思考与练习

1. 冷却系统主要由哪些部件组成？
2. 总结规范拆装水泵总成的操作流程。
3. 查询相关资料，想一想，冷却系统常见故障有哪些？

技能实训 10　水泵总成的更换

实训任务		日期		成绩	
学生姓名		学号		班级	

一、实训目的

1. 掌握水泵总成更换作业前准备流程。

2. 能够规范进行水泵总成的更换实训作业。

二、实训器材

实训工作台、北汽纯电动汽车、绝缘维修工具、传统维修工具、安全防护用品、冷却液收集装置、专用诊断仪、举升机、维修手册等。

三、实训内容

1. 小组分工

维修技师		维修工	
安全员		质检员	
解说员		记录员	

2. 水泵总成的更换流程

查阅相关资料，各组员共同探讨水泵总成更换作业前准备及更换流程，并由本组解说员对更换流程进行解说，实训过程中将操作步骤及注意事项填写在下表中。

操作步骤	操作内容	注意事项
1		
2		
3		
4		
5		
6		

续表

操作步骤	操作内容	注意事项
7		
8		
9		
10		

四、质量检查

1. 完工检查

质检员对小组任务完成后的作业现场恢复情况进行质量检查。

2. 教师质量检查

实训指导教师根据学生任务实施过程情况，针对实训过程中出现的问题提出改进措施及建议。

序号	评价项目	出现的问题	改进措施
1	小组成员分组及合作		
2	电动水泵更换作业前准备		
3	电动水泵的拆卸		
4	电动水泵的安装		
5	电动水泵的更换注意事项		
6	车辆完工后的质量检查		
7	6S 管理		
评价结果		□优秀★★★★★ □一般★★★	□良好★★★★ □较差★★
操作评价			

五、评价反馈

1. 组间互评

各学习小组通过对其他小组任务实施过程进行互评、对比，并记录评价结果。

序号	评价标准	评价结果
1	任务目标制定合理恰当	
2	任务过程表述清晰明确	
3	任务结果符合实际情况	
4	任务计划切实有效执行	
5	任务体会感受情感真实	
综合评价	□优秀★★★★★　□良好★★★★ □一般★★★　□较差★★	

2. 自我评价

小组成员根据自己在课堂中的实际表现进行反思，并在下表中对自己进行客观、如实评价。

自我评价	

3. 教师综合考核

教师对各小组技能实训情况进行综合考核，并完成以下综合考核表。

综合考核表

序号	评分项目	评价内容	评价成绩		备注
			分值	得分	
1	职业素养	服从安排，遵守纪律，遵守实训场所6S管理制度	10		
2		团队合作意识强，注重沟通	10		

续表

序号	评分项目	评价内容	评价成绩		备注
			分值	得分	
3	职业素养	学习态度积极主动，能参加实习安排活动	10		
4		能自主学习及相互协作	10		
5		安全意识强，责任意识强	5		
6		仪容仪表符合活动安排	5		
7	专业能力	按时按要求独立完成作业内容	15		
8		操作规范，符合要求	10		
9		按时按要求独立或协作完成操作或展示项目	10		
10		工具设备选择得当，使用符合技术要求	5		
11		学习准备充分	5		
12		注重工作效率与工作质量	5		
总分			100		
本小组评价			教师签名： 年　月　日		

技能实训 11　散热器总成的更换

实训任务		日期		成绩	
学生姓名		学号		班级	

一、实训目的

1. 掌握散热器总成更换作业前准备流程。

2. 能够规范进行散热器总成的更换实训作业。

二、实训器材

实训工作台、北汽纯电动汽车、绝缘维修工具、传统维修工具、安全防护用品、冷却液收集装置、专用诊断仪、举升机、维修手册等。

三、实训内容

1. 小组分工

维修技师		维修工	
安全员		质检员	
解说员		记录员	

2. 散热器总成的更换流程

查阅相关资料，各组员共同探讨散热器总成更换作业前准备及更换流程，并由本组解说员对更换流程进行解说，实训过程中将操作步骤及注意事项填写在下表中。

操作步骤	操作内容	注意事项
1		
2		
3		
4		
5		
6		

续表

操作步骤	操作内容	注意事项
7		
8		
9		
10		
11		
12		
13		

四、质量检查

1. 完工检查

质检员对小组任务完成后的作业现场恢复情况进行质量检查。

2. 教师质量检查

实训指导教师根据学生任务实施过程情况，针对实训过程中出现的问题提出改进措施及建议。

序号	评价项目	出现的问题	改进措施
1	小组成员分组及合作		
2	散热器总成更换作业前准备		
3	散热器总成的拆卸		
4	散热器总成的安装		
5	散热器总成的更换注意事项		
6	车辆完工后的质量检查		
7	6S 管理		
评价结果		□优秀★★★★★ □一般★★★	□良好★★★★ □较差★★
操作评价			

五、评价反馈

1. 组间互评

各学习小组通过对其他小组任务实施过程进行互评、对比，并记录评价结果。

序号	评价标准	评价结果
1	任务目标制定合理恰当	
2	任务过程表述清晰明确	
3	任务结果符合实际情况	
4	任务计划切实有效执行	
5	任务体会感受情感真实	
综合评价	□优秀★★★★★　□良好★★★★ □一般★★★　□较差★★	

2. 自我评价

小组成员根据自己在课堂中的实际表现进行反思，并在下表中对自己进行客观、如实评价。

自我评价	

3. 教师综合考核

教师对各小组技能实训情况进行综合考核，并完成以下综合考核表。

综合考核表

序号	评分项目	评价内容	评价成绩		备注
			分值	得分	
1	职业素养	服从安排，遵守纪律，遵守实训场所6S管理制度	10		
2		团队合作意识强，注重沟通	10		

续表

序号	评分项目	评价内容	评价成绩		备注
			分值	得分	
3	职业素养	学习态度积极主动，能参加实习安排活动	10		
4		能自主学习及相互协作	10		
5		安全意识强，责任意识强	5		
6		仪容仪表符合活动安排	5		
7	专业能力	按时按要求独立完成作业内容	15		
8		操作规范，符合要求	10		
9		按时按要求独立或协作完成操作或展示项目	10		
10		工具设备选择得当，使用符合技术要求	5		
11		学习准备充分	5		
12		注重工作效率与工作质量	5		
总分			100		
本小组评价			教师签名： 年 月 日		

课题二 | 冷却系统故障的检修

学习目标

1. 了解冷却系统常见的故障。
2. 具备冷却系统故障分析思路。
3. 能够规范检测并排除冷却系统故障。

任务描述

客户李先生反映其北汽 EX360 行驶中仪表显示电机过热故障，无散热风扇工作的声音，经技术人员检查试车后发现散热风扇无法工作，需对该车散热风扇进行检修。

任务分析

造成上述故障现象可能的原因有电子风扇电机损坏、扇叶损坏、风扇控制器退针、风扇继电器损坏、风扇熔丝损坏、电机温度传感器故障、风扇电路线束虚接/短路/断路等。检查时，应首先观察是否是扇叶等存在明显的机械故障，如果无机械故障，则通过使用万用表对电路进行检修并排除故障。

相关理论

一、冷却系统常见故障现象

冷却系统常见的故障现象主要有：

（1）冷却系统管路泄漏；

（2）仪表显示驱动电机过热；

（3）驱动电机控制器过热；

（4）散热器风扇出现异响；

（5）电动水泵出现异响。

二、冷却系统常见故障原因分析

对于冷却系统故障现象，首先需要判断出发生故障的部位，然后对故障部位进行原因分析，冷却系统常见的故障现象、发生的故障部位及原因分析见表 4-2-1。

表 4-2-1　　冷却系统常见故障部位及原因

序号	故障部位	故障原因
1	冷却管路泄漏	（1）进出水管发生破裂； （2）散热器破裂； （3）水管接口卡箍损坏、锈蚀或脱落等
2	电动水泵异响	（1）冷却液脏污； （2）水泵损坏； （3）冷却液缺少，水泵空转； （4）水泵线路故障
3	电动水泵不工作	（1）水泵损坏； （2）水泵继电器或熔丝损坏； （3）线路故障
4	散热器风扇异响	（1）扇叶破损 / 破裂； （2）扇叶与其他部件发生干涉等
5	风扇不工作	（1）风扇线束短路 / 断路； （2）扇叶损坏； （3）风扇继电器或熔丝损坏； （4）线路插接件松动或脱开

三、冷却系统故障检测与排除方法

在进行故障诊断时，故障诊断思路很重要，一般应遵循先易后难、从外到内、从易损件入手的排除思路，任务描述中的冷却系统风扇不工作故障现象，可按照以下步骤进行检测与排除：

（1）目视检查风扇破损状况，若出现破损应进行更换，若部件良好则进行下一步。

（2）检查易损部件，大部分故障和熔丝、继电器、用电设备等有关，结合维修手册电路图，拆画出风扇电路图，测量风扇熔丝和风扇继电器是否正常。若异常，对异常部件更换，若正常进行下一步。

（3）散热风扇线路通电，检查风扇继电器输出端输出电压是否正常，若输出电压为零，检修风扇控制线路。若输出电压为 12 V 左右，表明风扇控制线路正常，则进行下一步。

（4）散热风扇线路通电，检查风扇插接件输出供电电压是否正常，若输出电压为零，检修线路，若输出电压正常，则进行下一步。

（5）拔下风扇电机插接件，用蓄电池直接对风扇电机通电，检查电机是否工作正常，若正常则进行下一步。

（6）检查搭铁点是否松脱，若松脱，进行螺栓紧固；若无松脱，检查风扇电机插接件至搭铁线线路是否存在断路或短路故障；若存在故障进行检修，若正常进行下一步。

（7）接入诊断仪，读取故障码数据流信息。

（8）故障排除后，恢复冷却系统管路加注冷却液后进行试车。

思考与练习

1. 查阅相关资料，实训所用的电动汽车常见故障现象有哪些？

2. 总结对电动汽车冷却系统进行检修时的检修思路。

技能实训 12 冷却系统故障的检修

实训任务		日期		成绩	
学生姓名		学号		班级	

一、实训目的

1. 掌握冷却系统故障检修作业前准备流程。

2. 能够规范进行冷却系统故障检修实训作业。

二、实训器材

实训工作台、北汽纯电动汽车、绝缘维修工具、传统维修工具、安全防护用品、万用表、专用诊断仪、举升机、维修手册等。

三、实训内容

1. 小组分工

维修技师		维修工	
安全员		质检员	
解说员		记录员	

2. 冷却系统故障检修流程

查阅相关资料，各组员共同探讨冷却系统常见故障现象、故障检修作业前准备及检修步骤，并由本组解说员对检修思路进行解说，实训过程中将操作步骤及注意事项填写在下表中。

操作步骤	操作内容	测量结果分析	注意事项
1			
2			
3			
4			
5			

续表

操作步骤	操作内容	测量结果分析	注意事项
6			
7			
8			
9			
10			

四、质量检查

1. 完工检查

质检员对小组任务完成后的作业现场恢复情况进行质量检查。

2. 教师质量检查

实训指导教师根据学生任务实施过程情况，针对实训过程中出现的问题提出改进措施及建议。

序号	评价项目	出现的问题	改进措施
1	小组成员分组及合作		
2	冷却系统故障检修作业前准备		
3	散热风扇的外观检查		
4	散热风扇电路检测		
5	检修注意事项		
6	车辆完工后的质量检查		
7	6S 管理		
评价结果		□优秀★★★★★　□良好★★★★ □一般★★★　□较差★★	
操作评价			

五、评价反馈

1. 组间互评

各学习小组通过对其他小组任务实施过程进行互评、对比，并记录评价结果。

序号	评价标准	评价结果
1	任务目标制定合理恰当	
2	任务过程表述清晰明确	
3	任务结果符合实际情况	
4	任务计划切实有效执行	
5	任务体会感受情感真实	
综合评价	□优秀★★★★★ □一般★★★	□良好★★★★ □较差★★

2. 自我评价

小组成员根据自己在课堂中的实际表现进行反思，并在下表中对自己进行客观、如实评价。

自我评价	

3. 教师综合考核

教师对各小组技能实训情况进行综合考核，并完成以下综合考核表。

综合考核表

序号	评分项目	评价内容	评价成绩		备注
			分值	得分	
1	职业素养	服从安排，遵守纪律，遵守实训场所 6S 管理制度	10		
2		团队合作意识强，注重沟通	10		

续表

序号	评分项目	评价内容	评价成绩		备注
			分值	得分	
3	职业素养	学习态度积极主动，能参加实习安排活动	10		
4		能自主学习及相互协作	10		
5		安全意识强，责任意识强	5		
6		仪容仪表符合活动安排	5		
7	专业能力	按时按要求独立完成作业内容	15		
8		操作规范，符合要求	10		
9		按时按要求独立或协作完成操作或展示项目	10		
10		工具设备选择得当，使用符合技术要求	5		
11		学习准备充分	5		
12		注重工作效率与工作质量	5		
总分			100		
本小组评价			教师签名： 年　月　日		

世界技能大赛汽车技术项目介绍

汽车技术项目是选手在汽修车间进行汽车检测、故障诊断以及维护修理的竞赛项目。比赛中对选手的技能要求主要包括：目视检查，使用测试仪器与故障诊断仪器进行测量、检测，对数据（流）进行分析，诊断车辆各系统的故障并排除，具备系统的逻辑思维能力，能进行电气系统的构建与测试，可完成制动稳定性控制系统、悬挂及转向系统、发动机机械性能测试与修理，具备传动装置和组件维护、柴油系统和汽油发动机管理等问题的诊断及维护能力。

世界技能大赛技术说明文件规定了项目技能和职业最高国际水平的知识和能力要求，反映了对相关工作角色和职业理解的国际共识。在世界技能大赛中，有关项目技能的知识和理解将主要通过选手的技能表现予以考核，不设单独的理论比赛考核模块。

竞赛能力要求

序号	能力要求	配分及得分
1	工作组织和管理	10%
（1）	选手需要知道和理解： ○ 所有设备的功能、使用、保养以及安全事项 ○ 所用材料和化学品的用途、使用、保管以及潜在风险 ○ 相关操作的困难和风险，及其产生的原因和预防措施 ○ 制订工作计划时需要考量的参数 ○ 任何时间都应遵守的健康和安全标准 ○ 环保和安全准则，保持工作环境整洁	
（2）	选手应该能够： ○ 准备并维护安全、整洁和高效的工作台 ○ 准备好个人健康和安全相关的工作 ○ 计划、准备并按时完成每一项任务 ○ 计划好工作并高效实施，避免中断 ○ 遵循厂家要求选择、使用设备和材料，确保安全 ○ 遵循厂家要求清洁、储存和测试设备和材料，确保安全 ○ 遵循或超过有关环保、设备和材料的健康和安全标准 ○ 将工作场地和车辆恢复到良好的状态和条件	

续表

序号	能力要求	配分及得分
2	沟通和交流	10%
(1)	选手需要知道和理解： ○ 相关的纸质或电子形式技术文件及其内容 ○ 与技能有关的专业语言（术语） ○ 以口头、书写或电子形式汇报交流的规范 ○ 测量仪器输出结果和结论的本质含义 ○ 客户服务和沟通的规范	
(2)	选手应该能够： ○ 从各种形式的维修资料中读取技术数据和相关说明 ○ 在工作场所，以规范的书写或电子形式进行沟通 ○ 以口头、书写或电子形式沟通，确保清晰、有效、高效 ○ 使用一些规范的沟通技巧 ○ 填写报告单，对出现的事件和问题做出回应 ○ 直接或间接地对客户的需求做出回应	
3	电气、机械及机电系统	25%
(1)	选手需要知道和理解： ○ 火花点火式和压燃式发动机管理系统 ○ 发动机机械系统 ○ 混合 / 电动车辆系统 ○ 进气增压和排气系统 ○ 车身电气和电子系统 ○ 制动和稳定控制系统 ○ 悬架和转向系统 ○ 传动系统 ○ 采暖通风和空调系统 ○ 安全气囊和 SRS 系统 ○ 车载电子产品（娱乐系统） ○ 各系统之间的关联性及相互影响 ○ 不同管理系统之间传感器和信息的互通	
(2)	选手应该能够： ○ 使用测试仪器测量、检查和诊断机械故障和 / 或电子故障 ○ 通过测试辨别和隔离故障	
4	检查和诊断	35%
(1)	选手需要知道和理解： ○ 正确使用和理解相关测量装置和设备 ○ 所有相关数值和数学计算的原理和应用 ○ 专业诊断程序、工具和设备的原理和应用	

续表

序号	能力要求	配分及得分
（2）	选手应该能够： ○ 校准和使用所有测量装置和设备并将其用于诊断 ○ 精确定位轻型车辆零件故障 ○ 选择和应用恰当的装置和设备检验和诊断以下系统的缺陷和故障： ● 火花点火系统 ● 进气增压和排气系统 ● 车身电气 / 电子系统 ● 制动和稳定控制系统 ● 悬架和转向系统 ● 传动系统	
5	修理、大修和养护	20%
（1）	选手需要知道和理解： ○ 选择维修或替换 ○ 维修方法 / 程序、专用工具使用要求 ○ 其他车辆系统和相关维修工作能达到的效果	
（2）	选手应该能够： ○ 按要求使用制造商和零件提供商要求的规格 ○ 针对维修或替换操作构建并提出可行的建议和决定 ○ 采用正确的程序安装替换零件 ○ 维修车辆电气系统和电路，维修 / 检修充电和起动系统 ○ 维修 / 检修液压制动系统（盘式和鼓式）和 / 或相关零件，包括驻车制动器 ○ 维修电控防抱死制动和稳定控制系统 ○ 移除 / 检修传动零部件 ○ 维修 / 检修转向系统 / 零部件，包括机械、电气和液压动力辅助转向系统 ○ 维修悬架系统和相关零部件 ○ 执行转向盘操作 ○ 维修 / 检修四冲程发动机和相关零部件	
	总分值	100